'사자 소학'은
단순한 **기초 한자 교과서**가
아니라, 세월이 흘러도 영원히
변하지 않는, 시공을 초월한
인성 교육의 바이블로서,
이를 익히다 보면,
한자 공부뿐만 아니라
도덕성 회복과
인간성 복원에
크게 기여할 것이다.

'사자 소학'은
단순한 **기초 한자 교과서**가
아니라, 세월이 흘러도 영원히
변하지 않는, 시공을 초월한
인성 교육의 바이블로서,
이를 익히다 보면,
한자 공부뿐만 아니라
도덕성 회복과
인간성 복원에
크게 기여할 것이다.

● 색깔 있는 한자 공부

기초 한자 교고사서 사자 소학

四字小學

지식서관

기초 한자 교과서 **사자 소학**

펴낸이/이홍식
발행처/도서출판 지식서관
등록/1990.11.21 제96호
경기도 고양시 덕양구 고양동 31-38
전화/031)969-9311(대)
팩시밀리/031)969-9313
e-mail / jisiksa@hanmail.net

초판 1쇄 발행일/2006년 8월 22일
초판 7쇄 발행일/2019년 6월 10일

머 리 말

 이 책은 휴대하기 편한 포켓용으로서 출퇴근 시간이나 쉬는 시간에 간편하게 '사자 소학'에 나오는 한자를 쉽게 공부할 수 있습니다. 또한 부록으로 '속담 풀이 사전'을 수록해 놓았으므로 생활 속에서 자유 자재로 사용할 수 있도록 늘 핸드백이나 주머니에 가지고 다니면서 시간 나는 대로 익히고 숙지하기를 권합니다.
 '사자 소학'은 옛날에 서당에서 공부하는 아이들이 가장 먼저 배우는 한자의 기초 교과서로서, 중국(中國) 사람이 쓴 주희(朱熹)의 '소학'과 기타 여러 경전의 내용을 알기 쉽게 생활 한자로 편집한 한자 학습의 입문서입니다.
 '사자 소학'에는 부모님에 대한 효도(효행편), 형제간의 우애(형제편), 스승 섬기기(사제편), 친구간의 우정(붕우편), 대인 관계·올바른 마음가짐을 일러 주는 기본적인 행동 철학(수신편)이 담겨져 있어, 종합적인 도덕 교육과 인성 교육의 보고(寶庫)라 할 수 있습니다.

이 '사자 소학'은 단순한 한자 교과서가 아니라, 세월이 흘러도 영원히 변하지 않는, 시공을 초월한 인성 교육의 바이블로서, 이를 익히다 보면, 한자 공부뿐만 아니라 도덕성 회복과 인간성 복원에 크게 기여하리라 생각합니다.

이 '사자 소학'은 비록 옛날의 예의 범절이나 생활을 다루고 있지만, 그 정신은 21세기를 맞고 있는 오늘날에 꼭 필요한 소금이며, 우리 아이들이 진정으로 배워야 할 모든 것들이 '사자 소학'에 담겨 있습니다. 그러므로 어린이는 물론이고 어른들도 이 '사자 소학'을 가까이 하다 보면, 참으로 느끼는 것이 많을 것입니다.

모쪼록 이 책이 여러분에게 유익하게 활용되기를 바랍니다. 〈출처 굴레미(anyray)님의 방〉

찾아보기

ㄱ......

100 골육 수분 骨肉雖分 本出一氣 본출 일기 101
164 교우 지도 交友之道 莫如信義 막여신의 165
166 군위 신강 君爲臣綱 父爲子綱 부위 자강 167
74 기유 음식 器有飲食 不與勿食 불여 물식 75
118 기은 기공 其恩其功 亦如天地 역여 천지 119

ㄴ......

116 능지 능행 能知能行 摠是師功 총시 사공 117
114 능효 능제 能孝能悌 莫非師恩 막비 사은 115

ㄷ......

132 다우 지인 多友之人 當事無誤 당사 무오 133
68 대안 불식 對案不食 思得良饌 사득 양찬 69
148 덕업 상권 德業相勸 過失相規 과실 상규 149
186 독서 근검 讀書勤儉 起家之本 기가 지본 187
92 동온 하정 冬溫夏淸 昏定晨省 혼정 신성 93

......

84 막등 고수 莫登高樹 父母憂之 부모 우지 85

144	면찬 아선	面讚我善	諂諛之人	첨유 지인	145
142	면책 아과	面責我過	剛直之人	강직 지인	143
86	물여 인투	勿與人鬪	父母憂之	부모 우지	87
124	물역 사교	勿逆師敎	必從師導	필종 사도	125

ㅂ……

136	백사 재니	白沙在泥	不染自陋	불염 자루	137
14	복이 회아	腹以懷我	乳以哺我	유이 포아	15
134	봉생 마중	蓬生麻中	不扶自直	불부 자직	135
40	부모 애지	父母愛之	喜而勿忘	희이 물망	41
42	부모 오지	父母惡之	懼而勿怨	구이 물원	43
62	부모 와명	父母臥命	俯首聽之	부수 청지	63
48	부모 유명	父母有命	俯首聞之	부수 문지	49
66	부모 유병	父母有病	憂而謀療	우이 모료	67
64	부모 유질	父母有疾	捨置他事	사치 타사	65
88	부모 의복	父母衣服	勿蹯勿踐	물유 물천	89
50	부모 책지	父母責之	勿怒勿答	물노 물답	51
52	부모 출입	父母出入	每必起立	매필 기립	53
44	부모 호아	父母呼我	唯而趨之	유이 추지	45
172	부부 유별	夫婦有別	長幼有序	장유 유서	173

12	부생 아신	父生我身	母鞠吾身	모국 오신	13
168	부위 부강	夫爲婦綱	是謂三綱	시위 삼강	169
170	부자 유친	父子有親	君臣有義	군신 유의	171
38	불감 훼상	不敢毁傷	孝之始也	효지 시야	39
152	불택 이교	不擇而交	反有害矣	반유 해의	153
174	붕우 유신	朋友有信	是謂五倫	시위 오륜	175
146	붕우 책선	朋友責善	以友補仁	이우 보인	147
108	비교 불지	非教不知	非知不行	비지 불행	109
110	비이 자지	非爾自知	惟師敎之	유사 교지	111
112	비이 자행	非爾自行	惟師導之	유사 도지	113
104	비지 어목	比之於木	同根異枝	동근 이지	105
192	빈궁 환난	貧窮患難	親戚相救	친척 상구	193

ㅅ......

106	사덕 제신	師德弟愼	正道智覺	정도 지각	107
120	사사 여친	事師如親	必敬必恭	필경 필공	121
122	사유 질병	師有疾病	卽必藥之	즉필 약지	123
94	사친 여차	事親如此	可謂孝矣	가위 효의	95
26	사친 지효	事親至孝	養親至誠	양친 지성	27
126	삼강 오륜	三綱五倫	惟師敎之	유사 교지	127

176	수신 제가	修身齊家	治國之本	치국 지본	177
58	슬전 물좌	膝前勿坐	親面勿仰	친면 물앙	59
54	시좌 친측	侍坐親側	進退必恭	진퇴 필공	55
36	신체 발부	身體髮膚	受之父母	수지 부모	37

◎ ......

184	아경 인형	我敬人兄	人敬我兄	인경 아형	185
96	아급 형제	我及兄弟	同受親血	동수 친혈	97
182	아사 인친	我事人親	人事我親	인사 아친	183
32	아신 능선	我身能善	譽及父母	예급 부모	33
80	아신 만래	我身晚來	倚閭候之	의려 후지	81
34	아신 불선	我身不善	辱及父母	욕급 부모	35
162	언이 불신	言而不信	非直之友	비직 지우	163
78	약고 서적	若告西適	不復東往	불부 동왕	79
70	약득 미과	若得美果	歸獻父母	귀헌 부모	71
82	여출 불환	汝出不還	登高望之	등고 망지	83
158	열인 찬자	悅人讚者	百事皆僞	백사 개위	159
160	염인 책자	厭人責者	其行無進	기행 무진	161
22	욕보 심은	欲報深恩	昊天罔極	호천 망극	23
128	욕효 부모	欲孝父母	何不敬師	하불 경사	129

154	우기 정인	友其正人	我亦自正	아역 자정	155
24	원시 효자	元是孝者	百行之本	백행 지본	25
20	위인 자자	爲人子者	曷不爲孝	갈불 위효	21
46	유명 필종	有命必從	勿逆勿怠	물역 물태	47
18	은고 여천	恩高如天	德厚似地	덕후 사지	19
72	음식 수염	飮食雖厭	賜之必嘗	사지 필상	73
90	의복 수악	衣服雖惡	與之必着	여지 필착	91
16	이의 온아	以衣溫我	以食飽我	이식 포아	17
30	이현 부모	以顯父母	孝之終也	요지 종야	31
138	인무 책우	人無責友	易陷不義	이함 불의	139
130	인지 재세	人之在世	不可無友	불가 무우	131
28	입신 행도	立身行道	揚名後世	양명 후세	29
56	입즉 시족	立則視足	坐則視膝	좌즉 시슬	57

ㅈ……

180	장로 지전	長老之前	進退必恭	진퇴 필공	181
178	장자 자유	長者慈幼	幼者敬長	유자 경장	179
198	적선 지가	積善之家	必有餘慶	필유 여경	199
200	적악 지가	積惡之家	必有餘殃	필유 여앙	201
156	종유 사인	從遊邪人	我亦自邪	아역 자사	157

60	좌명 궤청	坐命跪聽	立命立聽	입명 입청	161
188	주경 야독	晝耕夜讀	手不釋卷	수불 석권	189
140	지심 이교	知心而交	勿與面交	물여 면교	141

ㅊ ......

190	차인 전적	借人典籍	勿毀必完	물훼 필완	191
76	출필 곡지	出必告之	返必拜謁	반필 배알	77

ㅌ ......

150	택우 교지	擇友交之	有所補益	유소 보익	151

ㅎ ......

98	형생 아전	兄生我前	弟生我後	제생 아후	99
102	형체 수이	形體雖異	素受一血	소수 일혈	103
194	혼인 사상	婚姻死喪	隣保相助	인보 상조	195
196	화복 무문	禍福無門	惟人自招	유인 자초	197

- **부록 1** 속담 풀이 사전 ······ 205
- **부록 2** 간편 옥편 ······ 359

기초 한자 교고서 사자 소학

四字小學

부생 아신 / 父生我身

8급	8급	3급Ⅱ	6급
父	生	我	身
아비 부	날 생	나 아	몸 신

뜻 아버지는 내 몸을 낳으시고

父母(부모)	生命(생명)	我國(아국)	身分(신분)
父傳子傳	生存(생존)	我輩(아배)	身元(신원)
(부전자전)	生老病死	我執(아집)	身長(신장)
親父(친부)	(생로병사)	自我(자아)	自身(자신)

| 모국 오신 | 母鞠吾身 |

효행 편

8급	3급Ⅱ	3급	6급
母	鞠	吾	身
어미 모	기를 국	나 오	몸 신

뜻 어머니는 내 몸을 기르셨다.

母性(모성)	鞠躬(국궁)	吾等(오등)	身體髮膚
母乳(모유)	鞠問(국문)	吾兄(오형)	(신체발부)
母校(모교)	鞠廳(국청)	吾不關焉	身邊(신변)
母型(모형)	鞠子(국자)	(오불관언)	身命(신명)

복이 회아 | 腹以懷我

3급Ⅱ	3급	3급Ⅱ	3급Ⅱ
腹	以	懷	我
배 복	써 이	품을 회	나 아

뜻 배로써 나를 품으시고

| 腹膜(복막)
腹心(복심)
腹案(복안)
腹痛(복통) | 以後(이후)
所以(소이)
以熱治熱
(이열치열) | 懷柔(회유)
懷疑(회의)
懷中時計
(회중시계) | 我見(아견)
我慾(아욕)
我田引水
(아전인수) |

유이 포아 乳以哺我

4급	5급	1급	3급Ⅱ
乳	以	哺	我
젖 유	써 이	먹일 포	나 아

뜻 젖으로써 나를 먹이시며,

乳頭(유두)	以實直告	哺乳(포유)	唯我獨尊
乳母(유모)	(이실직고)	哺育(포육)	(유아독존)
乳兒(유아)	以心傳心	哺養(포양)	無我境(무아경)
乳臭(유취)	(이심전심)	反哺(반포)	自我(자아)

이의 온아 以衣溫我

5급	6급	6급	3급Ⅱ
以	衣	溫	我
써 이	옷 의	따뜻할 온	나 아

以以以以以
衣衣衣衣衣衣
溫溫溫溫溫溫溫溫溫
我我我我我我我

뜻 옷을 입혀 나를 따뜻하게 해 주시고

以前(이전)	衣食住(의식주)	溫度(온도)	我軍(아군)
以南(이남)	衣服(의복)	溫情(온정)	我邦(아방)
以夷制夷	衣裳(의상)	溫故知新	大我(대아)
(이이제이)	白衣(백의)	(온고지신)	小我(소아)

| 이식 포아 | 以食飽我 |

5급　　7급　　3급　　3급Ⅱ

以 食 飽 我

| 써 이 | 밥 식 | 배부를 포 | 나 아 |

以以以以以
食食食食食食食食
飽飽飽飽飽飽飽飽
我我我我我我我

뜻 밥을 지어 나를 배부르게 하시니,

以下(이하)	食單(식단)	飽滿(포만)	忘我之境
以上(이상)	食言(식언)	飽和(포화)	(망아지경)
以後(이후)	弱肉強食	飽食暖衣	唯我獨尊
以前(이전)	(약육강식)	(포식난의)	(유아독존)

효행편

은고 여천 / 恩高如天

4급Ⅱ	6급	4급Ⅱ	7급
恩	高	如	天
은혜 은	높을 고	같을 여	하늘 천

恩恩恩恩恩恩恩恩恩恩
高高高高高高高高高高
如如如如如如
天天天天

뜻 은혜가 높기는 마치 하늘과 같고

恩師(은사)	高見(고견)	如反掌(여반장)	天干(천간)
恩惠(은혜)	高官(고관)	如是(여시)	天堂(천당)
背恩忘德	高尙(고상)	如意(여의)	天倫(천륜)
(배은망덕)	最高(최고)	如何間(여하간)	天命(천명)

덕후 사지	德厚似地

5급	4급	3급	7급
德	厚	似	地
은덕 덕	두터울 후	같을 사	땅 지
德德德德德德德德		似似似似似似似	
厚厚厚厚厚厚厚厚		地地地地地地地	

뜻 덕은 두텁기가 땅과 같다.

德分(덕분)	厚生(후생)	似而非(사이비)	地球(지구)
德澤(덕택)	厚顔無恥	近似(근사)	地平線(지평선)
德行(덕행)	(후안무치)	類似(유사)	地表(지표)
功德(공덕)	重厚(중후)	恰似(흡사)	地下(지하)

위인 자자	爲人子者

4급Ⅱ	8급	7급	6급
爲	人	子	者
될 위	사람 인	아들 자	놈 자
爲爲爲爲爲爲爲爲爲 人人	子了子 者者者者者者者者者

뜻 사람의 자식으로서

爲先(위선)	人格(인격)	子宮(자궁)	近者(근자)
爲始(위시)	人類(인류)	子孫(자손)	筆者(필자)
爲主(위주)	人之常情	卵子(난자)	前者(전자)
行爲(행위)	(인지상정)	種子(종자)	患者(환자)

갈불 위효 曷不爲孝

2급	7급	4급Ⅱ	7급
曷	不	爲	孝
어찌 갈	아니 불	할 위	효도 효

뜻 어찌 효도하지 않겠는가.

曷其(갈기)	不可(불가)	爲民(위민)	孝道(효도)
曷若(갈약)	不利(불리)	爲福(위복)	孝子(효자)
曷爲(갈위)	不當(부당)	爲國忠節	孝行(효행)
	不在中(부재중)	(위국충절)	忠孝(충효)

효행편

욕보 심은　欲報深恩

3급Ⅱ	4급Ⅱ	4급Ⅱ	4급Ⅱ
欲	報	深	恩
하고자 할 욕	갚을 보	깊을 심	은혜 은

뜻: 부모님의 덕을 보답하고자 하지만

欲求(욕구)	報道(보도)	深刻(심각)	恩功(은공)
欲望(욕망)	報復(보복)	深奧(심오)	恩山德海
欲情(욕정)	報酬(보수)	深思熟考	(은산덕해)
寡欲(과욕)	報恩(보은)	(심사숙고)	恩愛(은애)

| 호천 망극 | 昊天罔極 | 효행편 |

| 2급 | 7급 | 3급 | 4급Ⅱ |

昊 天 罔 極

| 하늘 호 | 하늘 천 | 없을 망 | 다할 극 |

昊昊昊昊昊昊昊昊
天天天天

罔罔罔罔罔罔罔罔
極極極極極極極極極極

뜻 하늘처럼 넓고 커서 끝이 없도다.

昊蒼(호창)	天文(천문)	罔極(망극)	極度(극도)
昊天(호천)	天地(천지)	罔知所措	極盛(극성)
昊昊(호호)	天體(천체)	(망지소조)	極盡(극진)
晴昊(청호)	待天命(대천명)	欺罔(기망)	極致(극치)

원시 효자 元是孝者

5급	4급Ⅱ	7급	6급
元	是	孝	者
으뜸 원	이 시	효도 효	사람 자

元元元元
是是是是是是是是

孝孝孝孝孝孝孝
者者者者者者者者者

뜻 원래 효도란 것은

元年(원년)	是是非非	孝女(효녀)	記者(기자)
元素(원소)	(시시비비)	孝誠(효성)	富者(부자)
元首(원수)	是認(시인)	孝親(효친)	亡者(망자)
元祖(원조)	是正(시정)	不孝(불효)	仁者(인자)

백행 지본	百行之本

百行之本

7급	6급	3급Ⅱ	6급
百	行	之	本
일백 백	행할 행	갈 지	근본 본

뜻 백 가지 행함의 근본이니,

百年偕老 (백년해로) 百姓(백성) 一當百(일당백)	行間(행간) 行進(행진) 行列(항렬) 實行(실행)	之東之西 (지동지서) 塞翁之馬 (새옹지마)	本貫(본관) 本分(본분) 本質(본질) 根本(근본)

효행편

사친 지효 　事親至孝

7급	6급	4급Ⅱ	7급
事	親	至	孝
섬길 사	어버이 친	지극할 지	효도 효

事事事事事事事事
親親親親親親親親親
至至至至至至
孝孝孝孝孝孝孝

뜻 어버이를 섬길 때에는 지극한 효도로써 하고

事大(사대)	親舊(친구)	至極(지극)	孝誠(효성)
事物(사물)	親睦(친목)	至近(지근)	孝心(효심)
事情(사정)	親分(친분)	至當(지당)	反哺之孝
萬事(만사)	親善(친선)	至上(지상)	(반포지효)

| 양친 지성 | 養親至誠 |

| 5급 | 6급 | 4급Ⅱ | 4급Ⅱ |

養 親 至 誠

| 봉양할 양 | 어버이 친 | 지극할 지 | 정성 성 |

뜻 어버이를 봉양할 때에는 온 정성을 다해야 한다.

養老院(양로원)	親鞠(친국)	至高(지고)	誠金(성금)
養育(양육)	親知(친지)	至尊(지존)	誠實(성실)
養子(양자)	嚴親(엄친)	至誠感天	誠心(성심)
休養(휴양)	家親(가친)	(지성감천)	誠意(성의)

효행 편

입신 행도 立身行道

7급	6급	6급	7급
立	身	行	道
설 립(입)	몸 신	행할 행	길 도

立立立立立
身身身身身身身

行行行行行行
道道道道道道道道道

뜻 출세하여 도를 행하고

立證(입증)	身上(신상)	行動(행동)	道德(도덕)
立志(입지)	身世(신세)	行爲(행위)	道路(도로)
獨立(독립)	立身揚名	行事(행사)	道通(도통)
確立(확립)	(입신양명)	行政(행정)	街道(가도)

양명 후세 揚名後世

揚	名	後	世
3급Ⅱ	7급	7급	7급
들날릴 양	이름 명	뒤 후	세상 세

뜻 이름을 후세에 날리어,

揚陸(양륙)	名實相符	後嗣(후사)	世代(세대)
揚水(양수)	(명실상부)	後裔(후예)	世襲(세습)
得意揚揚	名聲(명성)	前無後無	世子(세자)
(득의양양)	署名(서명)	(전무후무)	後世(후세)

이현 부모　以顯父母

5급	4급	8급	8급
以	顯	父	母
써 이	나타날 현	아비 부	어미 모

뜻 부모님의 명성을 알림이

以下(이하)	顯忠祠(현충사)	父子有親	母性(모성)
以後(이후)	顯示(현시)	(부자유친)	母胎(모태)
以熱治熱	貴顯(귀현)	嚴父(엄부)	賢母良妻
(이열치열)	英顯(영현)	慈父(자부)	(현모양처)

효지 종야 / 孝之終也

효행편

7급	3급Ⅱ	5급	3급
孝	之	終	也
효도 효	어조사 지	마칠 종	어조사 야

뜻 효도의 끝이다.

孝子(효자)	孝之始也	終身(종신)	也有(야유)
孝婦(효부)	(효지시야)	終點(종점)	也矣(야의)
孝孫(효손)	忠臣之道	有終之美	也乎(야호)
忠孝(충효)	(충신지도)	(유종지미)	也哉(야재)

아신 능선 　我身能善

3급Ⅱ	6급	5급	5급
我	身	能	善
나 아	몸 신	능할 능	착할 선

뜻 나의 몸가짐이 바르고 착하면

我相(아상)	身體檢査	能動(능동)	善良(선량)
我慢(아만)	(신체검사)	能率(능률)	善意(선의)
自我(자아)	短身(단신)	能小能大	善行(선행)
彼我(피아)	長身(장신)	(능소능대)	改善(개선)

예급 부모	譽及父母

3급Ⅱ	3급Ⅱ	8급	8급
譽	及	父	母
명예 예	미칠 급	아비 부	어미 모
譽譽譽譽譽譽譽譽譽 及及及及		父父父父 ㄴㄷㄸㄸ母母	

뜻 명예가 부모님께 미치고,

譽望(예망) 譽聲(예성) 名譽(명예) 榮譽(영예)	及其也(급기야) 及落(급락) 及第(급제) 言及(언급)	父傳子傳 (부전자전) 義父(의부) 嚴父(엄부)	母親(모친) 母性愛(모성애) 孟母三遷 (맹모삼천)

효행편

아신 불선	我身不善

我	身	不	善
3급Ⅱ	6급	7급	5급
나 아	몸 신	아니 불	착할 선

我我我我我我我
身身身身身身身
不不不不
善善善善善善善善善善

뜻 내 몸이 착하지 못하면

| 我田引水
(아전인수)
忘我(망아)
無我境(무아경) | 身土不二
(신토불이)
殺身成仁
(살신성인) | 不屈(불굴)
不滅(불멸)
不義(불의)
不德(부덕) | 善導(선도)
善隣(선린)
善行(선행)
最善(최선) |

욕급 부모 辱及父母

3급Ⅱ 3급Ⅱ 8급 8급

辱 及 父 母

| 욕되게할 욕 | 미칠 급 | 아비 부 | 어미 모 |

辱辱辱辱辱辰辱辱 父父父父
及及及及 母母母母母母

뜻 욕됨이 부모님께 미친다.

辱說(욕설)	及其時(급기시)	父子有親	繼母(계모)
屈辱(굴욕)	論及(논급)	(부자유친)	生母(생모)
侮辱(모욕)	波及(파급)	伯父(백부)	賢母良妻
恥辱(치욕)	莫及(막급)	叔父(숙부)	(현모양처)

효행편

| 신체 발부 | 身體髮膚 |

6급	6급	4급	2급
身	體	髮	膚
몸 신	몸 체	터럭 발	살갗 부

뜻 몸과 머리카락과 피부는

| 身言書判
(신언서판)
心身(심신)
肉身(육신) | 體格(체격)
體罰(체벌)
體重(체중)
體驗(체험) | 髮膚(발부)
斷髮(단발)
理髮(이발)
間髮(간발) | 膚淺(부천)
皮膚(피부)
身體髮膚
(신체발부) |

수지 부모 受之父母

4급Ⅱ	3급Ⅱ	8급	8급
受	之	父	母
받을 수	어조사 지	아비 부	어미 모

뜻 부모님께로부터 받은 것이니,

受難(수난)	置之度外	父業(부업)	母情(모정)
受諾(수락)	(치지도외)	父性愛(부성애)	母乳(모유)
受賂(수뢰)	人之常情	國父(국부)	姑母(고모)
傳受(전수)	(인지상정)	神父(신부)	姨母(이모)

효행편

불감 훼상 不敢毁傷

7급	4급	3급	4급
不	敢	毁	傷
아니 불	감히 감	헐 훼	상할 상

不不不不
敢敢敢敢敢敢敢敢敢敢

毁毁毁毁毁毁毁毁毁毁
傷傷傷傷傷傷傷傷傷傷

뜻 감히 몸에 상처를 내지 않는 것이

不便(불편)	敢行(감행)	毁謗(훼방)	傷心(상심)
不足(부족)	果敢(과감)	毁傷(훼상)	傷處(상처)
不純(불순)	勇敢無雙	毁損(훼손)	傷害(상해)
不安(불안)	(용감무쌍)	毁節(훼절)	傷痕(상흔)

| 효지 시야 | 孝之始也 |

효행편

7급	3급Ⅱ	6급	3급
孝	之	始	也
효도 효	어조사 지	비로소 시	어조사 야

뜻 효도의 시작이다.

孝子門(효자문)	人之常情	始作(시작)	獨也靑靑
孝婦(효부)	(인지상정)	始祖(시조)	(독야청청)
忠孝(충효)	老馬之智	始初(시초)	*某也某也
不孝(불효)	(노마지지)	始末(시말)	(모야모야)

*某也某也(모야모야): 아무아무. 아무개아무개.

부모 애지 父母愛之

8급	8급	6급	3급Ⅱ
父	母	愛	之
아비 부	어미 모	사랑 애	어조사 지

뜻 부모님께서 사랑해 주시면

父傳子傳 (부전자전) 養父(양부) 生父(생부)	伯母(백모) 叔母(숙모) 賢母良妻 (현모양처)	愛國(애국) 愛撫(애무) 愛嬌(애교) 愛惜(애석)	愛之重之 (애지중지) 愛之敬之 (애지경지)

희이물망 喜而勿忘

喜	而	勿	忘
4급	3급	3급Ⅱ	3급
기쁠 희	말이을 이	말 물	잊을 망

뜻 기쁜 마음으로 잊지 말고,

喜劇(희극)	而立(이립)	勿驚(물경)	忘却(망각)
喜捨(희사)	而已(이이)	勿論(물론)	忘年會(망년회)
喜壽(희수)	而後(이후)	勿入(물입)	忘恩(망은)
喜悅(희열)	然而(연이)	四勿(사물)	備忘錄(비망록)

효행편

부모 오지 父母惡之

父	母	惡	之
8급	8급	5급	3급Ⅱ
아비 부	어미 모	미워할 오(악)	어조사 지

뜻 부모님께서 미워하시더라도

父兄(부형)	母訓(모훈)	惡談(악담)	結者解之(결자해지)
父老(부로)	姉母會(자모회)	惡夢(악몽)	易地思之(역지사지)
繼父(계부)	孟母三遷(맹모삼천)	惡心(오심)	
養父(양부)		惡寒(오한)	

구이 물원	懼而勿怨

懼 而 勿 怨

3급 / 3급 / 3급Ⅱ / 4급

두려워할 구	말 이을 이	말 물	원망할 원
懼懼懼懼懼懼懼懼懼懼 而而而而而而		勿勿勿勿 怨怨怨怨怨怨怨怨怨	

뜻 두려워하거나 원망하지 말아라.

| 懼然(구연) 悚懼(송구) 畏懼(외구) 危懼心(위구심) | 而今(이금) 精而通(정이통) 和而不同 (화이부동) | 勿失好機 (물실호기) 勿論(물론) 勿入(물입) | 怨望(원망) 怨讐(원수) 怨恨(원한) 宿怨(숙원) |

효행편

부모 호아　父母呼我

8급	8급	4급Ⅱ	3급Ⅱ
父	母	呼	我
아비 부	어미 모	부를 호	나 아

뜻 부모님께서 나를 부르시면

父王(부왕)	母子盒(모자합)	呼價(호가)	自我(자아)
父子(부자)	母酒(모주)	呼名(호명)	無我境(무아경)
嚴父(엄부)	國母(국모)	呼訴(호소)	唯我獨尊
慈父(자부)	賢母(현모)	呼吸(호흡)	(유아독존)

유이 추지 唯而趨之

3급	3급Ⅱ	2급	3급Ⅱ
唯	而	趨	之
대답할 유	말 이을 이	빨리 갈 추	어조사 지

뜻: 네, 대답하고 얼른 달려가야 한다.

唯物論(유물론)	和而不同	趨拜(추배)	漁夫之利
唯一(유일)	(화이부동)	趨附(추부)	(어부지리)
唯唯諾諾	博而不精	趨勢(추세)	人之常情
(유유낙낙)	(박이부정)	趨進(추진)	(인지상정)

효행 편

유명 필종 / 有命必從

7급	7급	5급	4급
有	命	必	從
있을 유	명령할 명	반드시 필	좇을 종

뜻 명령이 있으시면 반드시 따르고

有能(유능)	命名(명명)	必死的(필사적)	從事(종사)
有志(유지)	命題(명제)	必勝(필승)	從屬(종속)
有效(유효)	命中(명중)	必然(필연)	從者(종자)
萬有(만유)	考終命(고종명)	必要(필요)	主從(주종)

물역 물태 / 勿逆勿怠

3급Ⅱ	4급Ⅱ	3급Ⅱ	3급
勿	逆	勿	怠
말 물	거스를 역	말 물	게으를 태

勿勿勿勿
逆逆逆逆逆逆逆逆逆

勿勿勿勿
怠怠怠怠怠怠怠怠怠

뜻 거역하지 말며 게을리 하지 말아라.

勿驚(물경)	逆流(역류)	勿論(물론)	怠慢(태만)
四勿(사물)	逆說(역설)	勿入(물입)	怠業(태업)
非禮勿視	逆襲(역습)	非禮勿聽	怠惰(태타)
(비례물시)	逆行(역행)	(비례물청)	懶怠(나태)

효행편

부모 유명	父母有命

8급	8급	7급	7급
父	母	有	命
아비 부	어미 모	있을 유	명할 명

父 父 父 父
母 母 母 母 母
有 有 有 有 有
命 命 命 命 命 命 命

뜻 부모님께서 말씀을 하시면

父系(부계)	母校(모교)	有感(유감)	命令(명령)
父權(부권)	母國語(모국어)	有名無實	命脈(명맥)
嚴父(엄부)	母胎(모태)	(유명무실)	運命(운명)
慈父(자부)	慈母(자모)	有閑(유한)	天命(천명)

부수 문지 — 俯首聞之

1급	5급	6급	3급Ⅱ
俯	首	聞	之
숙일 부	머리 수	들을 문	어조사 지

뜻 머리를 숙이고 들어야 한다.

俯瞰(부감)	首肯(수긍)	聞一知十	結者解之
俯伏(부복)	首都(수도)	(문일지십)	(결자해지)
俯仰(부앙)	首席(수석)	見聞(견문)	易地思之
俯察(부찰)	梟首(효수)	新聞(신문)	(역지사지)

부모 책지 父母責之

8급	8급	5급	3급Ⅱ
父	母	責	之
아비 부	어미 모	꾸짖을 책	어조사 지

뜻: 부모님께서 꾸짖으실지라도

| 父傳子傳 (부전자전) 生父(생부) 親父(친부) | 孟母三遷 (맹모삼천) 生母(생모) 親母(친모) | 責望(책망) 責務(책무) 責任(책임) 問責(문책) | 左之右之 (좌지우지) 苦肉之策 (고육지책) |

물노 물답 / 勿怒勿答

勿	怒	勿	答
3급Ⅱ	4급Ⅱ	3급Ⅱ	7급
말 물	성낼 노	말 물	대답할 답

뜻 화내거나 말대답을 하지 말아라.

勿論(물론)	怒氣衝天	非禮勿動	答禮(답례)
勿驚(물경)	(노기충천)	(비례물동)	答辯(답변)
非禮勿言	天人共怒	勿入(물입)	答案(답안)
(비례물언)	(천인공노)	勿施(물시)	報答(보답)

효행편

부모 출입	父母出入

8급	8급	7급	7급
父	母	出	入
아비 부	어미 모	나갈 출	들 입
父父父父	母母母母母	出出出出出	入入

부모님께서 나가거나 들어오시면

義父(의부)	母乳(모유)	出納(출납)	入選(입선)
繼父(계부)	母胎(모태)	出生(출생)	入場(입장)
生父(생부)	媤母(시모)	出身(출신)	入住(입주)
親父(친부)	祖母(조모)	出現(출현)	出入(출입)

| 매필 기립 | 每必起立 |

| 7급 | 5급 | 4급Ⅱ | 7급 |

每 必 起 立

| 매양 매 | 반드시 필 | 일어날 기 | 설 립 |

每每每每每每每
必必必必必

起起起起起起起起起
立立立立立

뜻 언제나 꼭 일어서고,

每年(매년)	必讀(필독)	起死回生	立法(입법)
每事(매사)	必罰(필벌)	(기사회생)	立身揚名
每番(매번)	必修(필수)	起動(기동)	(입신양명)
每樣(매양)	必需品(필수품)	再起(재기)	起立(기립)

시좌 친측 / 侍坐親側

3급Ⅱ	3급Ⅱ	6급	3급Ⅱ
侍	坐	親	側
모실 시	앉을 좌	어버이 친	곁 측

侍侍侍侍侍侍侍侍
坐坐坐坐坐坐坐
親親親親親親親親親
側側側側側側側側側

뜻 어버이를 곁에서 모시고 앉을 때는

侍女(시녀)	坐不安席(좌불안석)	親書(친서)	側近(측근)
侍立(시립)	坐視(좌시)	親知(친지)	側面(측면)
侍衛(시위)	連坐(연좌)	親戚(친척)	右側(우측)
侍醫(시의)		親筆(친필)	左側(좌측)

진퇴 필공　進退必恭

進	退	必	恭
4급Ⅱ	4급Ⅱ	5급	3급Ⅱ
나아갈 진	물러갈 퇴	반드시 필	공손할 공

뜻 나아가고 물러감을 공손히 해야 한다.

進路(진로)	退却(퇴각)	必有曲折	恭敬(공경)
進步(진보)	退勤(퇴근)	(필유곡절)	恭待(공대)
進退兩難	退步(퇴보)	必是(필시)	恭遜(공손)
(진퇴양난)	退化(퇴화)	必然(필연)	溫恭(온공)

효행편

입즉 시족 立則視足

7급	5급	4급Ⅱ	7급
立	則	視	足
설 립	곧 즉(법즉·칙)	볼 시	발 족

立立立立立
則則則則則則則則
視視視視視視視視
足足足足足足足

뜻 서 있을 때는 부모님의 발을 보고

立件(입건)	然則(연즉)	視覺(시각)	足部(족부)
立法(입법)	規則(규칙)	視力(시력)	足跡(족적)
入憲(입헌)	原則(원칙)	視線(시선)	足下(족하)
立會(입회)		視察(시찰)	不足(부족)

좌즉 시슬　　坐則視膝

3급Ⅱ	5급	4급Ⅱ	1급
坐	則	視	膝
앉을 좌	곧 즉(법즉·칙)	볼 시	무릎 슬

坐坐坐坐坐坐坐
則則則則則則則則
視視視視視視視視
膝膝膝膝膝膝膝膝膝

뜻 앉아 있을 때는 무릎을 보며,

坐像(좌상)	規則(규칙)	視界(시계)	膝下(슬하)
坐席(좌석)	罰則(벌칙)	視點(시점)	膝蓋骨
坐視(좌시)	變則(변칙)	視聽(시청)	(슬개골)
對坐(대좌)	原則(원칙)	凝視(응시)	

효행편

슬전 물좌 膝前勿坐

膝	前	勿	坐
1급	7급	3급Ⅱ	3급Ⅱ
무릎 슬	앞 전	말 물	앉을 좌

뜻 무릎 앞에 앉지 말고

膝前(슬전)	前科(전과)	勿失好機	坐像(좌상)
膝退(슬퇴)	前期(전기)	(물실호기)	坐視(좌시)
膝蓋骨	前線(전선)	勿論(물론)	坐井觀天
(슬개골)	生前(생전)	勿入(물입)	(좌정관천)

친면 물앙	親面勿仰

6급	7급	3급Ⅱ	3급Ⅱ
親	面	勿	仰
어버이 친	낯 면	말 물	우러러볼 앙

뜻 부모님의 얼굴을 똑바로 쳐다보지 말라.

親母(친모) 親父(친부) 親子(친자) 親族(친족)	面談(면담) 面目(면목) 面從腹背 (면종복배)	勿驚(물경) 勿論(물론) 非禮勿視 (비례물시)	仰天大笑 (앙천대소) 崇仰(숭앙) 信仰(신앙)

| 좌명 궤청 | 坐命跪廳 |

3급Ⅱ 7급 4급

坐 命 跪 廳

| 앉을 좌 | 명령할 명 | 꿇어앉을 궤 | 들을 청 |

坐 坐 坐 坐 坐 坐 坐
命 命 命 命 命 命 命
跪 跪 跪 跪 跪 跪 跪 跪 跪
廳 廳 廳 廳 廳 廳 廳 廳 廳

뜻 앉아서 말씀하시면 꿇어앉아서 듣고

坐禪(좌선)	命在頃刻	坐命跪廳	聽覺(청각)
坐視(좌시)	(명재경각)	(좌명궤청)	聽力(청력)
坐定(좌정)	人命在天		聽聞(청문)
坐礁(좌초)	(인명재천)		傾聽(경청)

입명 입청	立命立廳

7급	7급	7급	4급
立	命	立	聽
설 립	명령할 명	설 립	들을 청
立立立立立	命命命命命命命命	立立立立立	聽聽聽聽聽聽聽聽聽聽

뜻 서서 말씀하시면 서서 들어야 하며,

立志(입지)	命令(명령)	立身揚名	聽講(청강)
立法(입법)	命名(명명)	(입신양명)	聽聞(청문)
立案(입안)	命卒之秋	獨立(독립)	聽取(청취)
立證(입증)	(명졸지추)	確立(확립)	視聽(시청)

부모 와명	父母臥命

8급	8급	3급	7급
父	母	臥	命
아비 부	어미 모	누울 와	명령할 명

뜻 부모님께서 누워서 말씀하시더라도

父子有親 (부자유친) 父傳子傳 (부전자전)	賢母良妻 (현모양처) 繼母(계모) 庶母(서모)	臥病(와병) 臥薪嘗膽 (와신상담)	命脈(명맥) 命中(명중) 非命(비명) 宿命(숙명)

| 부수 청지 | 俯首聽之 |

효행 편

俯 首 聽 之

1급 · 5급 · 4급 · 3급Ⅱ

| 숙일 부 | 머리 수 | 들을 청 | 어조사 지 |

俯俯俯俯俯俯俯俯
首首首首首首首首
聽聽聽聽聽聽聽聽聽
之之之

뜻 고개를 숙이고 들어라.

俯瞰(부감)	首魁(수괴)	聽覺(청각)	結者解之
俯伏(부복)	首級(수급)	聽力(청력)	(결자해지)
俯首聽之	首腦(수뇌)	垂簾聽政	易地思之
(부수청지)	首尾(수미)	(수렴청정)	(역지사지)

부모 유질 父母有疾

8급	8급	7급	3급Ⅱ
父	母	有	疾
아비 부	어미 모	있을 유	병 질

뜻 부모님이 병환을 앓으시면

父爲子綱 (부위자강) 生父(생부) 神父(신부)	母堂(모당) 母船(모선) 母艦(모함) 母港(모항)	有口無言 (유구무언) 有名(유명) 有望(유망)	疾病(질병) 疾視(질시) 疾走(질주) 疾患(질환)

사치 타사 | 捨置他事

3급	4급Ⅱ	5급	7급
捨	置	他	事
버릴 사	둘 치	다를 타	일 사

뜻 다른 일은 제쳐 두고,

捨象(사상)	置重(치중)	他界(타계)	事件(사건)
捨身(사신)	*置之度外	他山之石	事變(사변)
取捨選擇	(치지도외)	(타산지석)	事業(사업)
(취사선택)	存置(존치)	他人(타인)	慶事(경사)

*置之度外(치지도외) : 내버려 두고 문제삼지 않음.

부모 유병 (父母有病)

父 (8급)	母 (8급)	有 (7급)	病 (6급)
아비 부	어미 모	있을 유	병들 병

뜻 부모님이 병중에 계시면

父傳子傳 (부전자전) 生父(생부) 親父(친부)	母性愛(모성애) 母情(모정) 賢母良妻 (현모양처)	有別(유별) 有限(유한) 有備無患 (유비무환)	病菌(병균) 病苦(병고) 病弊(병폐) 看病(간병)

우이 모료 憂而謀療

3급Ⅱ	3급	3급Ⅱ	2급
憂	而	謀	療
근신할 우	말이을 이	꾀할 모	병고칠 료

뜻 근신하며 병을 고치기 위해 노력하라.

憂國(우국)	而立(이립)	謀略(모략)	療飢(요기)
憂慮(우려)	精而不博	謀議(모의)	療法(요법)
憂愁(우수)	(정이불박)	謀陷(모함)	療養(요양)
杞憂(기우)	精而通(정이통)	圖謀(도모)	診療(진료)

대안 불식 / 對案不食

對 (6급)	案 (5급)	不 (7급)	食 (7급)
대할 대	밥상 안	아니 불	먹을 식

뜻: 밥상을 대하고서 잡수시지 않으면

對談(대담)	案內(안내)	不撓不屈 (불요불굴)	食慾(식욕)
對立(대립)	考案(고안)	不良(불량)	食飮(식음)
對抗(대항)	草案(초안)	不請客(불청객)	食單(식단)
相對(상대)	提案(제안)		食卓(식탁)

사득 양찬 思得良饌

5급	4급Ⅱ	5급	1급
思	得	良	饌
생각할 사	얻을 득	좋을 량	음식 찬

思思思思思思思思思
得得得得得得得得得得得
良良良良良良良
饌饌饌饌饌饌饌饌饌饌

뜻 좋은 음식 얻을(구할) 것을 생각하고,

思考(사고)	得道(득도)	良心(양심)	饌母(찬모)
思慕(사모)	得失(득실)	良貨(양화)	饌需(찬수)
思春期(사춘기)	得票(득표)	良識(양식)	饌欌(찬장)
意思(의사)	說得(설득)	善良(선량)	饌盒(찬합)

효행편

약득 미과 若得美果

3급Ⅱ	4급Ⅱ	6급	6급
若	得	美	果
만일 약	얻을 득	아름다울 미	과실 과

若若若若若若若若
得得得得得得得得得
美美美美美美美美
果果果果果果果果

뜻 만약 맛있는 과실이 생기면

若干(약간)	得失(득실)	美觀(미관)	果敢(과감)
泰然自若(태연자약)	得票(득표)	美談(미담)	果實(과실)
萬若(만약)	得意揚揚(득의양양)	美德(미덕)	果然(과연)
		美麗(미려)	果汁(과즙)

귀헌 부모　　歸獻父母

4급　3급Ⅱ　8급　8급

歸 獻 父 母

| 돌아갈 귀 | 드릴 헌 | 아비 부 | 어미 모 |

효행편

뜻 돌아가서 부모님께 드려라.

歸農(귀농)	獻納(헌납)	父系(부계)	母校(모교)
歸順(귀순)	獻身(헌신)	父老(부로)	母國(모국)
歸依(귀의)	獻血(헌혈)	父業(부업)	母性(모성)
歸化(귀화)	文獻(문헌)	嚴父(엄부)	母胎(모태)

음식 수염 飮食雖厭

飮	食	雖	厭
6급	7급	3급	2급
마실 음	먹을 식	비록 수	싫을 염

뜻 음식이 비록 먹기 싫더라도

飮毒(음독)	食事(식사)	雖然(수연)	厭忌(염기)
飮料水(음료수)	食糧(식량)	飮食雖厭	厭世(염세)
飮酒(음주)	食慾(식욕)	(음식수염)	厭症(염증)
過飮(과음)	後食(후식)		厭惡(염오)

사지 필상 賜之必嘗

賜	之	必	嘗
3급	3급Ⅱ	5급	4급
줄 사	어조사 지	반드시 필	맛볼 상

뜻 부모님이 주시면 반드시 맛을 보아야 한다.

賜死(사사)	搖之不動 (요지부동)	必要惡(필요악)	未嘗不(미상불)
賜藥(사약)		必然(필연)	嘗味(상미)
賜饌(사찬)	置之度外 (치지도외)	必勝(필승)	臥薪嘗膽 (와신상담)
厚賜(후사)		必敗(필패)	

기유 음식	器有飮食

器 (4급Ⅱ)	有 (7급)	飮 (6급)	食 (7급)
그릇 기	있을 유	마실 음	먹을 식

器器器器器器器器器
有有有有有有
飮飮飮飮飮飮飮飮飮飮
食食食食食食食食食

뜻 그릇에 음식이 있더라도

器機(기기)	有史(유사)	飮料(음료)	食言(식언)
器量(기량)	有情(유정)	飮福(음복)	食飮(식음)
器皿(기명)	有別(유별)	過飮(과음)	弱肉强食
器材(기재)	有限(유한)	暴飮(폭음)	(약육강식)

불여 물식 　不與勿食

7급	4급	3급Ⅱ	7급
不	與	勿	食
아니 불	줄 여	말 물	먹을 식

뜻 주시지 않으면 먹지 말아라.

| 不偏不黨 (불편부당) 不條理 (부조리) 不在 (부재) | 與件 (여건) 與否 (여부) 與信 (여신) 與奪 (여탈) | 勿論 (물론) 勿入 (물입) 勿失好機 (물실호기) | 食飮 (식음) 食慾 (식욕) 食單 (식단) 食卓 (식탁) |

출필 곡지

出必告之

7급	5급	5급	3급Ⅱ
出	必	告	之
나갈 출	반드시 필	뵙고 청할 곡(고)	어조사 지

뜻 외출할 때는 반드시 뵙고 말씀드리고

出生(출생)	必滅(필멸)	告發(고발)	結者解之
出世(출세)	必殺(필살)	告別(고별)	(결자해지)
青出於藍	必得(필득)	告白(고백)	易地思之
(청출어람)	必需品(필수품)	出必告(출필곡)	(역지사지)

| 반필 배알 | 返必拜謁 | 효행편 |

3급	5급	4급Ⅱ	3급
返	必	拜	謁
돌아올 반	반드시 필	절 배	뵐 알

뜻 돌아와서는 반드시 만나뵈어야 하며,

返納(반납)	生者必滅	拜啓(배계)	謁廟(알묘)
返送(반송)	(생자필멸)	拜禮(배례)	謁聖(알성)
返還(반환)	女必從夫	拜上(배상)	謁見(알현)
返品(반품)	(여필종부)	拜金(배금)	拜謁(배알)

약고 서적 若告西適

若	告	西	適
3급Ⅱ	5급	8급	4급
만약 약	아뢸 고	서녘 서	갈 적

若若若若若若若若
告告告告告告告

西西西西西西
適適適適適適適適

뜻 만약 서쪽으로 간다고 말씀드렸으면

若干(약간)	告白(고백)	西歐(서구)	適材適所
萬若(만약)	告別(고별)	西曆(서력)	(적재적소)
般若心經	告示(고시)	東奔西走	適格(적격)
(반야심경)	告知(고지)	(동분서주)	適任(적임)

불부 동왕　　不復東往

7급	4급Ⅱ	8급	4급Ⅱ
不	復	東	往
아니 불	다시 부(복)	동녘 동	갈 왕

不不不不　　　　東東東東東東東東
復復復復復復復復　往往往往往往往往

뜻 다시 동쪽으로 가지 말아라.

不遜(불손)	復舊(복구)	東洋(동양)	往年(왕년)
不忠(불충)	復職(복직)	東窓(동창)	往來(왕래)
不信(불신)	復活(부활)	東問西答	往往(왕왕)
不振(부진)	復興(부흥)	(동문서답)	往診(왕진)

아신 만래 我身晚來

我	身	晚	來
3급Ⅱ	6급	3급Ⅱ	7급
나 아	몸 신	늦을 만	올 래

뜻 내 몸이 늦게 올 때면

我國(아국)	身土不二	晩成(만성)	來歷(내력)
我田引水	(신토불이)	晩秋(만추)	來訪(내방)
(아전인수)	修身齊家	晩時之歎	來世(내세)
我軍(아군)	(수신제가)	(만시지탄)	以來(이래)

의려 후지 　依閭候之

倚 (4급)	閭 (1급)	候 (4급)	之 (3급Ⅱ)
기댈 의	마을문 려	기다릴 후	어조사 지

뜻 마을 문에 기대어 기다리시고,

倚閭(의려)	閭家(여가)	候補(후보)	易地思之
倚支(의지)	閭門(여문)	候鳥(후조)	(역지사지)
倚託(의탁)	閭閻(여염)	問候(문후)	一筆揮之
交倚(교의)	村閭(촌려)		(일필휘지)

| 여출 불환 | 汝出不還 |

3급	7급	7급	3급Ⅱ
汝	出	不	還
너 여	나갈 출	아니 불	돌아올 환

뜻 네가 나가서 돌아오지 않으면

汝等(여등)	出家(출가)	不死鳥(불사조)	還甲(환갑)
汝輩(여배)	出勤(출근)	不平(불평)	還俗(환속)
爾汝(이여)	出發(출발)	不利(불리)	還元(환원)
	出世(출세)	不況(불황)	生還(생환)

등고 망지	登高望之

7급	6급	5급	3급Ⅱ
登	高	望	之
오를 등	높을 고	바라볼 망	어조사 지

뜻 높은 곳에 올라가 바라보신다.

登校(등교)	高見(고견)	望臺(망대)	結者解之
登攀(등반)	高官(고관)	望夫石(망부석)	(결자해지)
登載(등재)	高度(고도)	望遠鏡(망원경)	*敬而遠之
登程(등정)	最高(최고)	所望(소망)	(경이원지)

*敬而遠之(경이원지):존경하되 가까이 하지는 아니함.

막등 고수 莫登高樹

말 막	오를 등	높을 고	나무 수
3급Ⅱ	7급	6급	6급

뜻: 높은 나무에 올라가지 말아라.

莫强(막강)	登壇(등단)	高潔(고결)	樹幹(수간)
莫大(막대)	登錄(등록)	高官(고관)	樹齡(수령)
莫重(막중)	登用(등용)	高度(고도)	樹立(수립)
莫論(막론)	登場(등장)	高尙(고상)	樹液(수액)

부모 우지 父母憂之

父	母	憂	之
8급	8급	3급Ⅱ	3급Ⅱ
아비 부	어미 모	근심할 우	어조사 지

뜻 부모님께서 걱정하신다.

父親(부친)	母情(모정)	憂鬱症(우울증)	感之德之
父性愛(부성애)	母乳(모유)	憂慮(우려)	(감지덕지)
嚴父(엄부)	賢母良妻	憂愁(우수)	愛之重之
慈父(자부)	(현모양처)	杞憂(기우)	(애지중지)

효행편

물여 인투	勿與人鬪

3급Ⅱ	4급	8급	4급
勿	與	人	鬪
말 물	더불어 여	남 인	싸울 투

勿勿勿勿
與與與與與與與與與與
人人
鬪鬪鬪鬪鬪鬪鬪鬪鬪

뜻 남들과 더불어 다투지 말아라.

勿驚(물경)	與論(여론)	人面獸心	鬪士(투사)
勿入(물입)	與黨(여당)	(인면수심)	鬪爭(투쟁)
勿問(물문)	與民同樂	人波(인파)	鬪志(투지)
勿施(물시)	(여민동락)	人情(인정)	鬪魂(투혼)

부모 우지	父母憂之

8급	8급	3급Ⅱ	3급Ⅱ
父	母	憂	之
아비 부	어미 모	근심할 우	어조사 지

뜻 부모님께서 걱정하신다.

父子有親 (부자유친) 生父(생부) 親父(친부)	孟母三遷 (맹모삼천) 慈母(자모) 賢母(현모)	憂鬱(우울) 憂患(우환) 杞憂(기우) 深憂(심우)	愛之惜之 (애지석지) 愛之重之 (애지중지)

효행편

부모 의복   父母衣服

8급	8급	6급	6급
父	母	衣	服
아비 부	어미 모	옷 의	옷 복

뜻 부모님의 옷은

父王(부왕)	慈母(자모)	衣冠(의관)	服務(복무)
父系(부계)	親母(친모)	衣鉢(의발)	服飾(복식)
父權(부권)	賢母良妻	衣食住(의식주)	服用(복용)
父業(부업)	(현모양처)	白衣(백의)	服從(복종)

勿踰勿踐

물유 물천

3급Ⅱ 2급 3급Ⅱ 3급Ⅱ

勿 踰 勿 踐

| 말 물 | 남을 유 | 말 물 | 밟을 천 |

勿勿勿勿
踰踰踰踰踰踰踰踰踰

勿勿勿勿
踐踐踐踐踐踐踐踐踐

뜻 넘어다니거나 밟지 말며,

| 勿失好機
(물실호기)
勿拘(물구)
勿論(물론) | 踰年(유년)
踰越(유월)
踰牆(유장)
穿踰(천유) | 勿驚(물경)
勿入(물입)
非禮勿言
(비례물언) | 踐踏(천답)
踐歷(천력)
踐言(천언)
踐行(천행) |

효행편

90

효행편

의복 수악	衣服雖惡

衣 (6급)	服 (6급)	雖 (3급)	惡 (5급)
옷 의	옷 복	비록 수	나쁠 악
衣衣衣衣衣衣	服服服服服服服	雖雖雖雖雖雖雖雖雖	惡惡惡惡惡惡惡惡惡

뜻 옷이 비록 나쁘더라도

衣裳(의상)	服色(복색)	雖然(수연)	惡談(악담)
衣冠(의관)	服裝(복장)	衣服雖惡	惡評(악평)
衣類(의류)	服役(복역)	(의복수악)	惡行(악행)
白衣(백의)	服中(복중)		惡寒(오한)

여지 필착 與之必着

4급	3급Ⅱ	5급	5급
與	之	必	着
줄 여	어조사 지	반드시 필	입을 착

뜻 주시면 반드시 입어라.

與黨(여당)	人之常情	必是(필시)	着服(착복)
與否(여부)	(인지상정)	必然(필연)	着用(착용)
與信(여신)	搖之不動	必勝(필승)	着眼(착안)
貸與(대여)	(요지부동)	必敗(필패)	着地(착지)

동온 하정　　冬溫夏淸

冬 (7급)	溫 (6급)	夏 (7급)	淸
겨울 동	따뜻할 온	여름 하	서늘할 정(청)

冬冬冬冬冬冬
溫溫溫溫溫溫溫溫溫溫
夏夏夏夏夏夏夏夏夏夏
淸淸淸淸淸淸淸淸淸

뜻 겨울엔 따뜻하게, 여름엔 서늘하게 해 드리고

冬至(동지)	溫暖(온난)	夏穀(하곡)	冬溫夏淸 (동온하정)
冬眠(동면)	溫度(온도)	夏期(하기)	
立冬(입동)	三寒四溫	夏服(하복)	
嚴冬(엄동)	(삼한사온)	夏至(하지)	

혼정 신성 / 昏定晨省

3급	6급	3급	6급
昏	定	晨	省
날저물 혼	정할 정	새벽 신	살필 성

> 뜻: 저녁에는 잠자리를 정돈하고, 새벽에는 문안을 드려라.

昏困(혼곤)	定價(정가)	晨鷄(신계)	省墓(성묘)
昏迷(혼미)	定期(정기)	晨光(신광)	省察(성찰)
昏定(혼정)	定石(정석)	晨旦(신단)	省略(생략)
黃昏(황혼)	確定(확정)	晨省(신성)	歸省(귀성)

효행편

사친 여차 / 事親如此

事	親	如	此
7급	6급	4급Ⅱ	3급Ⅱ
섬길 사	어버이 친	같을 여	이 차

事事事事事事事事
親親親親親親親親親
如如如如如如
此此此此此此

뜻 부모님 섬기기를 이와 같이 하면

事大主義(사대주의)	親告(친고)	如反掌(여반장)	此期(차기)
事件(사건)	親書(친서)	如是(여시)	此等(차등)
事實(사실)	親庭(친정)	如前(여전)	此際(차제)
	親筆(친필)	缺如(결여)	此後(차후)

가위 효의	加謂孝矣

5급	3급Ⅱ	7급	3급
可	謂	孝	矣
옳을 가	이를 위	효도 효	어조사 의

可可可可可
謂謂謂謂謂謂謂謂謂謂

孝孝孝孝孝孝孝
矣矣矣矣矣矣矣矣

뜻 가히 사람의 자식이라 이를 것이다.

可能(가능)	可謂(가위)	孝道(효도)	萬事休矣
可望(가망)	所謂(소위)	孝誠(효성)	(만사휴의)
可否間(가부간)		孝子(효자)	
許可(허가)		忠孝(충효)	

효행편

아급 형제　　我及兄弟

3급Ⅱ	3급Ⅱ	8급	8급
我	及	兄	弟
나 아	미칠·및 급	형 형	아우 제

뜻 나와 형제는

| 我田引水
(아전인수)
無我境(무아경)
自我(자아) | 及第(급제)
及其也(급기야)
及落(급락)
普及(보급) | 兄嫂(형수)
兄弟(형제)
妹兄(매형)
老兄(노형) | 弟夫(제부)
弟嫂(제수)
弟子(제자)
妹弟(매제) |

동수 친혈　　同受親血

7급	4급Ⅱ	6급	4급Ⅱ
同	受	親	血
한가지 동	받을 수	어버이 친	피 혈

형제편

同同同同同同
受受受受受受受受

親親親親親親親親親
血血血血血血

뜻 똑같이 부모님의 피를 받았다.

同甲(동갑)	受講(수강)	親舊(친구)	血路(혈로)
同氣(동기)	受諾(수락)	親睦(친목)	血洗(혈세)
同盟(동맹)	受賂(수뢰)	親子(친자)	血眼(혈안)
同胞(동포)	受信(수신)	親族(친족)	血統(혈통)

형생 아전 兄生我前

8급	8급	3급Ⅱ	7급
兄	生	我	前
형 형	날 생	나 아	앞 전

兄兄兄兄兄
生生生生生
我我我我我我
前前前前前前前前

뜻 형은 나보다 먼저 태어나고

兄弟(형제)	生家(생가)	我軍(아군)	前科(전과)
兄嫂(형수)	生色(생색)	我方(아방)	前期(전기)
義兄弟(의형제)	生涯(생애)	自我(자아)	前線(전선)
兄夫(형부)	生活(생활)	彼我(피아)	前後(전후)

| 제생 아후 | 弟生我後 |

8급	8급	3급Ⅱ	7급
弟	生	我	後
아우 제	날 생	나 아	뒤 후

형제편

弟弟弟弟弟弟弟
生生生生生

我我我我我我
後後後後後後後後

뜻 아우는 나보다 뒤에 태어났다.

弟夫(제부)	生家(생가)	我相(아상)	後見(후견)
妹弟(매제)	生活(생활)	我愛(아애)	後嗣(후사)
師弟之間	生命(생명)	唯我獨尊	後患(후환)
(사제지간)	生存(생존)	(유아독존)	後悔(후회)

골육 수분 | 骨肉雖分

4급	4급Ⅱ	3급	6급
骨	肉	雖	分
뼈 골	살 육	비록 수	나눌 분

骨骨骨骨骨骨骨骨骨骨
肉肉肉肉肉肉
雖雖雖雖雖雖雖雖雖雖
分分分分分分

뜻 뼈와 살은 비록 나누어졌으나

骨格(골격)	肉類(육류)	雖然(수연)	分斷(분단)
骨彫(골조)	肉眼(육안)	骨肉雖分	分別(분별)
納骨(납골)	肉親(육친)	(골육수분)	分數(분수)
遺骨(유골)	肉筆(육필)		分配(분배)

형제편

| 본출 일기 | 本出一氣 |

형제편

6급	7급	8급	7급
本	出	一	氣
본디 본	날 출	한 일	기운 기

本 木 木 木 本
出 出 出 出 出

一
氣 氣 氣 氣 氣 氣 氣 氣 氣 氣

뜻 본래 한 기운으로 태어났고

本家(본가)	出身(출신)	一等(일등)	氣槪(기개)
本貫(본관)	出處(출처)	一致(일치)	氣絶(기절)
本末(본말)	靑出於藍	一種(일종)	氣候(기후)
根本(근본)	(청출어람)	一次(일차)	香氣(향기)

형체 수이	形體雖異

6급	6급	3급	4급
形	體	雖	異
형상 형	몸 체	비록 수	다를 이

形 形 形 形 形 形 形
體 體 體 體 體 體 體 體 體
雖 雖 雖 雖 雖 雖 雖 雖 雖 雖
異 異 異 異 異 異 異 異 異 異

뜻 형상과 몸은 비록 다르나

| 形而上(형이상)
形形色色
(형형색색)
人形(인형) | 體面(체면)
體罰(체벌)
體育(체육)
體重(체중) | 形體雖異
(형체수이) | 異口同聲
(이구동성)
異腹(이복)
異端(이단) |

| 소수 일혈 | 素受一血 |

4급Ⅱ	4급Ⅱ	8급	4급Ⅱ
素	受	一	血
본디 소	받을 수	한 일	피 혈

素素素素素素素素素
受受受受受受受受受
一
血血血血血血

뜻 본래 한 피를 이어받았다.

素描(소묘)	受難(수난)	一等(일등)	血氣(혈기)
素質(소질)	受業(수업)	一層(일층)	血書(혈서)
素服(소복)	受胎(수태)	一進一退	心血(심혈)
素饌(소찬)	傳受(전수)	(일진일퇴)	出血(출혈)

형제편

비지 어목   比之於木

5급	3급Ⅱ	3급	8급
比	之	於	木
견줄 비	이것 지	어조사 어	나무 목

뜻: 이를 나무에 비기면

比等(비등)	人之常情	於是(어시)	木工(목공)
比例(비례)	(인지상정)	於此彼(어차피)	木星(목성)
比喻(비유)	搖之不動	甚至於(심지어)	木材(목재)
比率(비율)	(요지부동)		木炭(목탄)

동근 이지   同根異枝

7급　6급　4급　3급Ⅱ

同 根 異 枝

한가지 동　뿌리 근　다를 이　가지 지

同同同同同同
根根根根根根根根根
異異異異異異異異異異
枝枝枝枝枝枝枝枝

형제편

뜻 같은 뿌리에서 뻗은 다른 가지이다.

同氣(동기)	根幹(근간)	異國(이국)	枝幹(지간)
同窓(동창)	根本(근본)	異端(이단)	枝葉(지엽)
同化(동화)	根絶(근절)	異性(이성)	連枝(연지)
協同(협동)	禍根(화근)	差異(차이)	竹枝(죽지)

사덕 제신　師德弟愼

4급Ⅱ	5급	8급	3급Ⅱ
師	德	弟	愼
스승 사	덕 덕	제자 제	삼갈 신

師師師師師師師師　弟弟弟弟弟弟弟
德德德德德德德德　愼愼愼愼愼愼愼愼愼

뜻 스승이 덕으로 가르치니 제자는 삼가 받들어야

師父(사부)	德分(덕분)	弟夫(제부)	愼重(신중)
師弟(사제)	德澤(덕택)	妹弟(매제)	謹愼(근신)
師表(사표)	德行(덕행)	從弟(종제)	恭愼(공신)
出師表(출사표)	功德(공덕)	門弟(문제)	

사제편

정도 지각	正道智覺
7급　　　7급	4급　　　4급
# 正　道	# 智　覺
바를 정　　길 도	지혜 지　　깨달을 각
正正正正正 道道道道道道道道道	智智智智智智智智智 覺覺覺覺覺覺覺覺覺覺

사제편

뜻: 바른 길을 깨달아 지혜를 얻는다.

正鵠(정곡)	道界(도계)	智見(지견)	覺書(각서)
正旦(정단)	道路(도로)	智略(지략)	覺醒(각성)
正室(정실)	道義(도의)	智謀(지모)	覺悟(각오)
正統(정통)	道通(도통)	奇智(기지)	自覺(자각)

| 비교 불지 | 非敎不知 |

非	敎	不	知
4급Ⅱ	8급	7급	5급
아닐 비	가르칠 교	아니 불	알 지

뜻 가르침이 아니면 알지 못하고

非理(비리)	敎範(교범)	不信(불신)	知覺(지각)
非常口(비상구)	敎示(교시)	不滿(불만)	知能(지능)
非凡(비범)	敎育(교육)	不敬(불경)	知識(지식)
非情(비정)	下敎(하교)	不和(불화)	知人(지인)

사제편

비지 불행 | 非知不行

非 (4급Ⅱ)	知 (5급)	不 (7급)	行 (6급)
아닐 비	알 지	아니 불	행할 행

非非非非非非非
知知知知知知知
不不不不
行行行行行行

사제편

뜻 알지 못하면 행하지 못한다.

非難(비난)	知能(지능)	不純(불순)	行路(행로)
非違(비위)	知識(지식)	不服(불복)	行進(행진)
非情(비정)	知己(지기)	不死鳥(불사조)	行列(항렬)
非行(비행)	諒知(양지)	不在(부재)	實行(실행)

비이 자지 非爾自知

4급Ⅱ	1급	7급	5급
非	爾	自	知
아닐 비	너 이	스스로 자	알 지

뜻 네 스스로의 앎이 아닌 것은

非情(비정)	爾今(이금)	自覺(자각)	知彼知己(지피지기)
非行(비행)	爾來(이래)	自立(자립)	知性人(지성인)
非凡(비범)	爾汝(이여)	自由(자유)	知足(지족)
是非(시비)		各自(각자)	

유사 교지 惟師教之

3급	4급	8급	3급Ⅱ
惟	師	教	之
오직(생각할) 유	스승 사	가르칠 교	이것 지

사제편

뜻 오직 스승이 가르친 것이며,

| 惟獨(유독) 思惟(사유) | 師事(사사) 師恩(사은) 師兄(사형) 教師(교사) | 教科書(교과서) 教養(교양) 教訓(교훈) 教唆(교사) | 結者解之 (결자해지) 易地思之 (역지사지) |

비이 자행 非爾自行

4급Ⅱ	1급	7급	6급
非	爾	自	行
아닐 비	너 이	스스로 자	행할 행

뜻 네 스스로의 행함이 아닌 것은

非情(비정)	爾時(이시)	自給自足(자급자족)	行間(행간)
非理(비리)	爾汝(이여)	自信(자신)	行動(행동)
非難(비난)	爾爾(이이)	自然(자연)	行旅(행려)
非違(비위)	爾後(이후)		行悖(행패)

사제편

유사 도지 惟師導之

3급	4급	4급Ⅱ	3급Ⅱ
惟	師	導	之
오직 유	스승 사	인도할 도	어조사 지

사제편

뜻 오직 스승이 이를 인도한 것이다.

惟獨(유독)	師團(사단)	導因(도인)	漁夫之利
伏惟(복유)	師親會(사친회)	導入(도입)	(어부지리)
思惟(사유)	牧師(목사)	導火線(도화선)	苦肉之策
	禪師(선사)	指導(지도)	(고육지책)

능효 능제 能孝能悌

능할 능 | 효도 효 | 능할 능 | 공경할 제

뜻 부모님께 효도하고 어른을 공경할 수 있음은

能動(능동)	孝子門(효자문)	能事(능사)	悌友(제우)
能爛(능란)	孝誠(효성)	能手(능수)	孝悌(효제)
能力(능력)	*反哺之孝	能通(능통)	
能率(능률)	(반포지효)	能熟(능숙)	

*反哺之孝(반포지효):자식이 자라서, 어버이가 길러 준 은혜에 보답하는 효성.

막비 사은 莫非師恩

3급Ⅱ	4급Ⅱ	4급	4급Ⅱ
莫	非	師	恩
없을 막	아닐 비	스승 사	은혜 은

사제편

뜻 스승의 은혜가 아님이 없고,

莫强(막강)	非凡(비범)	出師表(출사표)	恩德(은덕)
莫大(막대)	非常口(비상구)	師父(사부)	恩功(은공)
莫論(막론)	非行(비행)	師弟(사제)	恩師(은사)
適莫(적막)	非違(비위)	師兄(사형)	恩惠(은혜)

능지 능행 / 能知能行

能(5급) 知(5급) 能(5급) 行(6급)

능할 능 | 알 지 | 능할 능 | 행할 행

뜻 알 수 있고 행할 수 있음이

能爛(능란)	知性的(지성적)	能動(능동)	行動(행동)
能率(능률)	知覺(지각)	能力(능력)	行方(행방)
能手(능수)	通知(통지)	能小能大	行進(행진)
能通(능통)	親知(친지)	(능소능대)	行軍(행군)

총시 사공 — 摠是師功

摠 (모두(거느릴) 총) 4급Ⅱ
是 (이 시) 4급
師 (스승 사) 4급
功 (공 공) 6급

뜻 모두 다 스승의 공이다.

- 摠管(총관)
- 摠是師功(총시사공)
- 是認(시인)
- 是日(시일)
- 是正(시정)
- 如是(여시)
- 師弟之間(사제지간)
- 師兄(사형)
- 師親會(사친회)
- 功德(공덕)
- 功勞(공로)
- 功臣(공신)
- 功績(공적)

사제편

기은 기공　　其恩其功

3급Ⅱ	4급Ⅱ	3급Ⅱ	6급
其	恩	其	功
그 기	은혜 은	그 기	공 공

其其其其其其其其
恩恩恩恩恩恩恩恩恩

其其其其其其其其
功功功功功

뜻 그 은혜와 그 공이

其間(기간)	恩功(은공)	其然未然	功勳(공훈)
其實(기실)	恩德(은덕)	(기연미연)	武功(무공)
其他(기타)	恩赦(은사)	其中(기중)	螢雪之功
其後(기후)	恩惠(은혜)	各其(각기)	(형설지공)

역여 천지   亦如天地

3급Ⅱ	4급Ⅱ	7급	7급
亦	如	天	地
또 역	같을 여	하늘 천	땅 지

뜻 또한 하늘과 땅의 은공과 같다.

亦是(역시)	如干(여간)	天空(천공)	地境(지경)
亦然(역연)	如反掌(여반장)	天上(천상)	地理(지리)
亦如天地	如何間(여하간)	天主(천주)	地方(지방)
(역여천지)	缺如(결여)	天使(천사)	地域(지역)

사제편

사사 여친 　　 事師如親

7급	4급Ⅱ	4급Ⅱ	6급
事	師	如	親
섬길 사	스승 사	같을 여	어버이 친

사제편

뜻 스승 섬기기를 부모님 섬기듯 하여

事大(사대)	師恩(사은)	如干(여간)	親母(친모)
事由(사유)	師表(사표)	如是(여시)	親父(친부)
事理(사리)	藥師(약사)	如反掌(여반장)	嚴親(엄친)
慶事(경사)	醫師(의사)	缺如(결여)	家親(가친)

필경 필공	必敬必恭
5급　　　5급	5급　　　3급Ⅱ

必 敬 必 恭

반드시 필	공경할 경	반드시 필	공손할 공
必必必必必	敬敬敬敬敬敬敬敬敬敬敬敬	必必必必必	恭恭恭恭恭恭恭恭恭恭

뜻 반드시 공경하고 반드시 공손하게 하라.

사제편

| 必有曲折
(필유곡절)
期必(기필)
何必(하필) | 敬虔(경건)
敬愛(경애)
敬遠(경원)
敬賀(경하) | 必是(필시)
必死的(필사적)
必勝(필승)
必敗(필패) | 恭敬(공경)
恭遜(공손)
恭待(공대)
不恭(불공) |

사유 질병 / 師有疾病

師 (4급Ⅱ)	有 (7급)	疾 (3급Ⅱ)	病 (6급)
스승 사	있을 유	병 질	병들 병

뜻 스승님께 병이 있으면

師範(사범)	有名(유명)	疾苦(질고)	病弊(병폐)
師傅(사부)	有望(유망)	疾患(질환)	病患(병환)
出師表(출사표)	有益(유익)	疾風迅雷	看病(간병)
恩師(은사)	有利(유리)	(질풍신뢰)	風土病(풍토병)

즉필 약지 卽必藥之

3급Ⅱ	5급	6급	3급Ⅱ
卽	必	藥	之
곧 즉	반드시 필	약쓸 약	어조사 지

뜻: 즉시 약을 지어 치료해 드려야 한다.

卽刻(즉각)	必死的(필사적)	藥房(약방)	易地思之
卽席(즉석)	必然(필연)	藥局(약국)	(역지사지)
卽決(즉결)	生者必滅	藥箋(약전)	結者解之
卽效(즉효)	(생자필멸)	藥效(약효)	(결자해지)

사제편

물역 사교 勿逆師教

3급Ⅱ	4급Ⅱ	4급Ⅱ	8급
勿	逆	師	教
말 물	거스를 역	스승 사	가르칠 교

뜻 스승의 가르치심을 거스르지 말며

勿驚(물경)	逆流(역류)	師門(사문)	教範(교범)
勿論(물론)	逆說(역설)	師事(사사)	教示(교시)
非禮勿言	逆情(역정)	師恩(사은)	教育(교육)
(비례물언)	逆行(역행)	師訓(사훈)	下教(하교)

사제편

필종 사도 必從師導

5급	4급	4급Ⅱ	4급Ⅱ
必	從	師	導
반드시 필	좇을 종	스승 사	인도할 도

뜻 반드시 스승의 인도하심을 좇아라.

必死的(필사적)	從事(종사)	師道(사도)	導管(도관)
必勝(필승)	從屬(종속)	師親會(사친회)	半導體(반도체)
必然(필연)	從者(종자)	師表(사표)	先導(선도)
必要(필요)	主從(주종)	師兄(사형)	誘導(유도)

사제편

삼강 오륜	三綱五倫
8급　　　3급Ⅱ	8급　　　3급Ⅱ

三 綱 五 倫

석 삼	벼리 강	다섯 오	인륜 륜
三三三	綱綱綱綱綱綱綱綱綱綱	五五五五	倫倫倫倫倫倫倫倫倫倫

사제편

뜻 삼강과 오륜도

三角形(삼각형)	綱領(강령)	五感(오감)	倫理(윤리)
三昧(삼매)	綱目(강목)	五輪(오륜)	人倫(인륜)
三伏(삼복)	大綱(대강)	五線紙(오선지)	天倫(천륜)
三寸(삼촌)	要綱(요강)	五列(오열)	悖倫(패륜)

유사 교지 惟師敎之

惟	師	敎	之
3급	4급Ⅱ	4급Ⅱ	3급Ⅱ
오직 유	스승 사	가르칠 교	어조사 지

뜻 오직 스승님이 가르쳐 주실 것이다.

惟獨(유독)	師弟之間(사제지간)	敎養(교양)	結者解之(결자해지)
伏惟(복유)	敎師(교사)	敎鞭(교편)	左之右之(좌지우지)
思惟(사유)	賭博師(도박사)	敎唆(교사)	
		宗敎(종교)	

사제편

| 욕효 부모 | 欲孝父母 |

3급Ⅱ	7급	8급	8급
欲	孝	父	母
하고자 할 욕	효도 효	아비 부	어미 모

뜻 부모님께 효도를 하고자 한다면

欲界(욕계)	孝道(효도)	父傳子傳	母性(모성)
欲求(욕구)	孝誠(효성)	(부전자전)	母胎(모태)
欲念(욕념)	孝心(효심)	嚴父(엄부)	賢母良妻
欲情(욕정)	孝子(효자)	親父(친부)	(현모양처)

사제편

하불 경사 何不敬師

何	不	敬	師
3급Ⅱ	7급	5급	4급Ⅱ
어찌 하	아니 불	공경할 경	스승 사

何何何何何何何
不不不不
敬敬敬敬敬敬敬敬敬
師師師師師師師師師

사제편

뜻 어찌 스승님을 공경하지 않으리요.

何等(하등)	不滿(불만)	敬老(경로)	師父(사부)
何如間(하여간)	不安(불안)	敬語(경어)	師弟(사제)
何必(하필)	不治(불치)	敬賀(경하)	師恩(사은)
如何(여하)	不平(불평)	尊敬(존경)	傳道師(전도사)

인지 재세 　　人之在世

8급	3급Ⅱ	6급	7급
人	之	在	世
사람 인	어조사 지	있을 재	세상 세
人 人 之 之 之		在 在 在 在 在 在 世 世 世 世 世	

뜻 사람이 세상을 살아가기 위해서는

人德(인덕) 人福(인복) 人性(인성) 人和(인화)	人之常情 (인지상정) 搖之不動 (요지부동)	在庫(재고) 在來(재래) 在中(재중) 所在地(소재지)	世界(세계) 世上(세상) 世態(세태) 世波(세파)

붕우편

불가 무우	不可無友

7급	5급	5급	5급
不	可	無	友
아니 불	옳을 가	없을 무	벗 우
不不不不 可可可可可		無無無無無無無無無無 友友友友	

뜻 친구가 없을 수 없다.

| 不當(부당)
不便(불편)
不利(불리)
不死(불사) | 可能(가능)
可否(가부)
可燃性(가연성)
許可(허가) | 無智(무지)
無視(무시)
無念無想
(무념무상) | 友愛(우애)
友情(우정)
交友(교우)
親友(친우) |

붕우 편

| 다우 지인 | 多友之人 |

6급	5급	3급Ⅱ	8급
多	友	之	人
많을 다	벗 우	어조사 지	사람 인
多多多多多多 友友友友		之之之 人人	

뜻 친구가 많은 사람은

| 多産(다산)
 多辯(다변)
 多情(다정)
 多樣(다양) | 友邦(우방)
 友好(우호)
 竹馬故友
 (죽마고우) | 漁夫之利
 (어부지리)
 塞翁之馬
 (새옹지마) | 人格(인격)
 人權(인권)
 人類(인류)
 人事(인사) |

붕우편

당사 무오	當事無誤

5급	7급	5급	4급Ⅱ
當	事	無	誤
당할 당	일 사	없을 무	그르칠 오
當當當當當當當當當		無無無無無無無無無無	
事事事事事事事事		誤誤誤誤誤誤誤誤誤誤	

뜻 일을 당하더라도 잘못됨이 없다.

當局(당국)	事實(사실)	無知(무지)	誤記(오기)
當選(당선)	事緣(사연)	無條件(무조건)	誤謬(오류)
當然(당연)	事由(사유)	無常(무상)	誤算(오산)
當爲(당위)	事情(사정)	無我(무아)	誤審(오심)

| 봉생 마중 | 蓬生麻中 |

2급	8급	3급Ⅱ	8급
蓬	生	麻	中
쑥 봉	날 생	삼 마	가운데 중

蓬蓬蓬蓬蓬蓬蓬蓬蓬
生生生生生

麻麻麻麻麻麻麻麻麻
中中中中

뜻 쑥이 삼 가운데서 자라면

붕우 편

| 蓬頭亂髮
(봉두난발)
蓬髮(봉발) | 生死(생사)
生存(생존)
生命(생명)
生活(생활) | 麻袋(마대)
麻衣(마의)
麻醉(마취)
麻布(마포) | 中間(중간)
中央(중앙)
中庸(중용)
中心(중심) |

| 불부 자직 | 不扶自直 |

7급	3급Ⅱ	7급	7급
不	扶	自	直
아니 불	붙들 부	스스로 자	곧을 직
不 不 不 不		自 自 自 自 自	
扶 扶 扶 扶 扶 扶 扶		直 直 直 直 直 直 直 直	

뜻 붙들어 주지 않아도 저절로 곧아지며,

붕우 편

不足(부족)	扶腋(부액)	自身(자신)	直線(직선)
不偏不黨	扶養(부양)	自己(자기)	直說(직설)
(불편부당)	扶助(부조)	自生(자생)	直喩(직유)
不死鳥(불사조)	扶持(부지)	自省(자성)	直接(직접)

백사 재니 白沙在泥

8급	3급Ⅱ	6급	3급Ⅱ
白	沙	在	泥
흰 백	모래 사	있을 재	진흙 니

白白白白白
沙沙沙沙沙沙沙
在在在在在在
泥泥泥泥泥泥泥泥

뜻 흰 모래가 진흙과 같이 있으면

白髮(백발)	沙漠(사막)	在職(재직)	泥田鬪狗
白雪(백설)	沙工(사공)	在任(재임)	(이전투구)
白晝(백주)	沙上樓閣	現在(현재)	泥中(이중)
餘白(여백)	(사상누각)	存在(존재)	泥工(이공)

| 불염 자루 | 不染自陋 |

不 染 自 陋

| 7급 | 3급Ⅱ | 7급 | 1급 |

| 아니 불 | 물들 염 | 스스로 자 | 더러울 루 |

不 不 不 不
染 染 染 染 染 染 染 染

自 自 自 自 自
陋 陋 陋 陋 陋 陋 陋

뜻 물들이지 않아도 저절로 더러워진다.

不得不(부득불)	染料(염료)	自白(자백)	陋名(누명)
不在(부재)	染色(염색)	自招(자초)	陋屋(누옥)
不撓不屈	染俗(염속)	自繩自縛	陋醜(누추)
(불요불굴)	汚染(오염)	(자승자박)	鄙陋(비루)

붕우편

인무 책우 / 人無責友

8급	5급	5급	5급
人	無	責	友
사람 인	없을 무	꾸짖을 책	벗 우

人 人
無 無 無 無 無 無 無 無 無 無
責 責 責 責 責 責 責 責 責 責
友 友 友 友

뜻 사람으로서 꾸짖어 주는 친구가 없으면

붕우 편

人間(인간)	無限(무한)	責望(책망)	文房四友
人口(인구)	無數(무수)	責務(책무)	(문방사우)
詩人(시인)	無情(무정)	責任(책임)	學友(학우)
哲人(철인)	無益(무익)	問責(문책)	親友(친우)

이함 불의　易陷不義

4급	3급Ⅱ	7급	4급Ⅱ
易	陷	不	義
쉬울 이(바꿀 역)	빠질 함	아니 불	옳을 의

뜻 의롭지 못한 데 빠지기 쉽다.

易如反掌 (이여반장)	陷沒(함몰)	不完全(불완전)	義理(의리)
易學(역학)	陷落(함락)	不知不識 (부지불식)	義務(의무)
容易(용이)	陷穽(함정)	不幸(불행)	義憤(의분)
	缺陷(결함)		正義(정의)

붕우 편

| 지심 이교 | 知心而交 |

5급	7급	3급	6급
知	心	而	交
알 지	마음 심	말이을 이	사귈 교

知知知知知知知
心心心心

而而而而而而
交交交交交交

뜻 마음을 알고서 사귀고

知覺(지각)	心情(심정)	和而不同	交感(교감)
知能(지능)	心中(심중)	(화이부동)	交流(교류)
知人(지인)	心醉(심취)	博而不精	交尾(교미)
知識(지식)	疑心(의심)	(박이부정)	交換(교환)

붕우편

물여 면교 / 勿與面交

勿 (3급Ⅱ) 與 (4급) 面 (7급) 交 (6급)

말 물	더불어 여	낯 면	사귈 교

勿勿勿勿
與與與與與與與與與

面面面面面面面面
交交交交交交

뜻 더불어 얼굴만 아는 교제는 하지 말아라.

勿驚(물경)	與件(여건)	面對(면대)	交代(교대)
勿論(물론)	與否(여부)	面會(면회)	交流(교류)
勿失好機	與奪(여탈)	面識(면식)	交際(교제)
(물실호기)	關與(관여)	側面(측면)	交換(교환)

붕우편

| 면책 아과 | 面責我過 |

7급	5급	3급Ⅱ	5급
面	責	我	過
낯 면	꾸짖을 책	나 아	허물 과

面面面面面面面面
責責責責責責責責責
我我我我我我我
過過過過過過過過

뜻 면전에서 나의 허물을 꾸짖어 주는 사람이라면

붕우편

面談(면담)	責望(책망)	我田引水	過去(과거)
面接(면접)	責務(책무)	(아전인수)	過誤(과오)
面從腹背	問責(문책)	我執(아집)	過飮(과음)
(면종복배)	叱責(질책)	自我(자아)	看過(간과)

강직 지인 　　剛直之人

剛 (3급Ⅱ)	直 (7급)	之 (3급Ⅱ)	人 (8급)
굳셀 강	곧을 직	어조사 지	사람 인

뜻 굳세고 정직한 사람이고,

剛氣(강기)	直感(직감)	人之常情	人格(인격)
剛健(강건)	直線(직선)	(인지상정)	人性(인성)
剛斷(강단)	直言(직언)	百年之客	凡人(범인)
剛性(강성)	剛直(강직)	(백년지객)	聖人(성인)

면찬 아선 面讚我善

5급	4급	3급Ⅱ	5급
面	讚	我	善
낯 면	칭찬할 찬	나 아	착할 선

面面面面面面面面面
讚讚讚讚讚讚讚讚讚讚
我我我我我我我
善善善善善善善善善善

뜻 면전에서 나를 착하다고 칭찬하는 사람은

面面(면면)	讚歌(찬가)	我田引水	善導(선도)
面相(면상)	讚美(찬미)	(아전인수)	善行(선행)
對面(대면)	讚辭(찬사)	唯我獨尊	獨善(독선)
場面(장면)	稱讚(칭찬)	(유아독존)	改善(개선)

붕우편

첨유 지인   諂諛之人

1급	1급	3급Ⅱ	8급
諂	諛	之	人
아첨할 첨	아첨할 유	어조사 지	사람 인
諂諂諂諂諂諂諂諂諂	諛諛諛諛諛諛諛諛諛	之之之	人人

뜻 아첨하는 사람이다.

諂媚(첨미)	諛辭(유사)	漁夫之利	人和(인화)
諂笑(첨소)	阿諛(아유)	(어부지리)	人性(인성)
諂諛(첨유)	諂諛之人	百年之客	人德(인덕)
阿諂(아첨)	(첨유지인)	(백년지객)	人福(인복)

붕우 편

| 붕우 책선 | 朋友責善 |

3급	5급	5급	5급
朋	友	責	善
벗 붕	벗 우	권할 책	착할 선

뜻 친구가 서로 착한 일을 하도록 권하는 것은

朋黨(붕당)	友誼(우의)	責罰(책벌)	善意(선의)
朋徒(붕도)	友好(우호)	引責(인책)	善良(선량)
朋友有信	親友(친우)	譴責(견책)	善隣(선린)
(붕우유신)	交友(교우)	重責(중책)	善處(선처)

붕우 편

이우 보인 　 以友補仁

5급	5급	3급Ⅱ	4급
以	友	補	仁
써 이	벗 우	도울 보	어질 인

以以以以以
友友友友
補補補補補補補補
仁仁仁仁

뜻 친구에게서 어짊을 보완하는 것이다.

붕우 편

以上(이상)	友愛(우애)	補强(보강)	仁德(인덕)
以下(이하)	友情(우정)	補缺(보결)	仁兄(인형)
以前(이전)	良友(양우)	補給(보급)	仁術(인술)
所以(소이)	學友(학우)	補身(보신)	仁慈(인자)

德業相勸

덕업 상권

德 (5급)	業 (6급)	相 (5급)	勸 (4급)
큰 덕	업 업	서로 상	권할 권

뜻: 덕을 쌓는 일은 서로 권하고

德談(덕담)	業務(업무)	相對(상대)	勸告(권고)
德分(덕분)	業報(업보)	相通(상통)	勸誘(권유)
德澤(덕택)	業因(업인)	相互(상호)	勸善懲惡
德行(덕행)	業績(업적)	眞相(진상)	(권선징악)

붕우편

과실 상규 過失相規

5급	6급	5급	5급
過	失	相	規
허물 과	그르칠 실	서로 상	바로잡을 규

過過過過過過過過過　　相相相相相相相相相
失失失失失　　　　　　規規規規規規規規規

뜻 과실은 서로 바로잡아 주어라.

붕우 편

過客(과객)	失望(실망)	相見(상견)	規格(규격)
過勞(과로)	失手(실수)	相異(상이)	規範(규범)
過失(과실)	失言(실언)	相好(상호)	規律(규율)
過程(과정)	紛失(분실)	樣相(양상)	規則(규칙)

택우 교지 　　擇友交之

擇 (4급)	友 (5급)	交 (6급)	之 (3급Ⅱ)
가릴 택	벗 우	사귈 교	어조사 지

擇擇擇擇擇擇擇擇
友友友友

交交交交交交交
之之之

뜻 친구를 가리어 사귀면

붕우편

擇日(택일)	友邦(우방)	交配(교배)	易地思之
擇婚(택혼)	友軍(우군)	交涉(교섭)	(역지사지)
選擇(선택)	級友(급우)	交戰(교전)	結者解之
採擇(채택)	知友(지우)	交叉路(교차로)	(결자해지)

유소 보익	有所補益

7급	7급	3급Ⅱ	4급Ⅱ
有	所	補	益
있을 유	바 소	도울 보	유익할 익

뜻 도움과 유익함이 있을 것이나,

| 有口無言
(유구무언)
有名(유명)
有望(유망) | 所見(소견)
所得(소득)
所望(소망)
所藏(소장) | 補藥(보약)
補完(보완)
補充(보충)
補血(보혈) | 補藥(보약)
補完(보완)
補充(보충)
補血(보혈) |

| 불택 이교 | 不擇而交 |

不 擇 而 交

7급 4급 3급 6급

| 아니 불 | 가를 택 | 말이을 이 | 사귈 교 |

不不不不
擇擇擇擇擇擇擇擇

而而而而而而
交交交交交交

뜻 친구를 가리지 않고 사귀면

붕우 편

不遜(불손)	擇一(택일)	而今以後 (이금이후)	交信(교신)
不時(불시)	擇地(택지)	而立(이립)	交易(교역)
不忠(불충)	擇婚(택혼)	而已(이이)	交遊(교유)
不振(부진)	擇日(택일)		交換(교환)

반유 해의	反有害矣

6급	7급	5급	3급
反	有	害	矣
도리어 반	있을 유	해로울 해	어조사 의
反反反反 有有有有有有		害害害害害害害害害害 矣矣矣矣矣矣矣	

뜻 도리어 해로움이 있다.

反對(반대) 反省(반성) 反逆(반역) 反抗(반항)	有能(유능) 有效(유효) 有限(유한) 所有(소유)	害毒(해독) 害惡(해악) 害蟲(해충) 損害(손해)	萬事休矣 (만사휴의) 反有害矣 (반유해의)

우기 정인	友其正人

5급	3급Ⅱ	7급	8급
友	其	正	人
벗할 우	그 기	바를 정	사람 인
友ナ方友		正T下正正	
其甘甘甘其其其其		人人	

뜻 바른 사람과 친구가 되면

붕우편

文房四友 (문방사우) 友軍(우군) 敎友(교우)	其實(기실) 其他(기타) 其然未然 (기연미연)	正當(정당) 正直(정직) 正統(정통) 正確(정확)	人名(인명) 人波(인파) 人形(인형) 人跡(인적)

아역 자정 我亦自正

我 (3급Ⅱ)	亦 (3급Ⅱ)	自 (7급)	正 (7급)
나 아	또 역	스스로 자	바를 정

뜻 나 또한 스스로 바르게 되지만,

我執(아집)	亦是(역시)	自立(자립)	正鵠(정곡)
自我(자아)	亦然(역연)	自轉(자전)	正義(정의)
我田引水 (아전인수)	我亦自正 (아역자정)	自然(자연)	正室(정실)
		自由(자유)	正月(정월)

붕우 편

종유 사인　從遊邪人

4급	3급Ⅱ급	3급Ⅱ	8급
從	遊	邪	人
좇을 종	놀 유	간사할 사	사람 인

從從從從從從從從從
遊遊遊遊遊遊遊遊遊
邪邪邪邪邪邪邪
人人

뜻 간사한 사람을 좇아서 놀게 되면

붕우편

從僕(종복)	遊覽(유람)	邪敎(사교)	人生(인생)
從臣(종신)	遊牧(유목)	邪念(사념)	人性(인성)
從夫(종부)	遊星(유성)	邪惡(사악)	人權(인권)
順從(순종)	遊戲(유희)	奸邪(간사)	人類(인류)

아역 자사　　我亦自邪

3급Ⅱ	3급Ⅱ	7급	3급Ⅱ
我	亦	自	邪
나 아	또 역	스스로 자	간사할 사

뜻 나 또한 스스로 간사해진다.

我軍(아군)	亦然(역연)	自信(자신)	邪心(사심)
我執(아집)	亦是(역시)	自由(자유)	邪道(사도)
忘我(망아)	我亦自邪	各自(각자)	邪戀(사련)
無我(무아)	(아역자사)	獨自的(독자적)	邪慝(사특)

붕우편

열인 찬자 悅人讚者

3급Ⅱ	8급	4급	6급
悅	人	讚	者
기뻐할 열	남 인	칭찬할 찬	사람 자

뜻 남의 칭찬을 좋아하는 사람은

붕우 편

悅樂(열락)	人倫(인륜)	讚頌(찬송)	富者(부자)
悅愛(열애)	人才(인재)	讚揚(찬양)	患者(환자)
法悅(법열)	人跡(인적)	讚嘆(찬탄)	筆者(필자)
喜悅(희열)	人脈(인맥)	賞讚(상찬)	聖者(성자)

백사 개위	百事皆僞

7급	7급	3급	3급Ⅱ
百	事	皆	僞
일백 백	일 사	다 개	거짓 위

뜻 온갖 일이 모두 거짓이 되며,

百年(백년)	事件(사건)	皆勤賞(개근상)	僞善(위선)
百萬(백만)	事物(사물)	皆納(개납)	僞造(위조)
百姓(백성)	事變(사변)	皆兵(개병)	僞證(위증)
數百(수백)	事業(사업)	擧皆(거개)	眞僞(진위)

붕우편

| 염인 책자 | 厭人責者 |

2급	8급	5급	6급
厭	人	責	者
싫어할 염	남 인	꾸짖을 책	사람 자

뜻 남의 꾸짖음을 싫어하는 사람은

厭忌(염기)	人名(인명)	責務(책무)	勞動者(노동자)
厭世(염세)	人心(인심)	責任(책임)	賢者(현자)
厭症(염증)	人性(인성)	問責(문책)	智者(지자)
厭惡(염오)	人造(인조)	叱責(질책)	筆者(필자)

기행 무진 　其行無進

其(3급Ⅱ) 行(6급) 無(5급) 進(4급Ⅱ)

| 그 기 | 행할 행 | 없을 무 | 나아갈 진 |

其其其其其其其其
行行行行行行
無無無無無無無無無
進進進進進進進進進

뜻 그 행실에 진전이 없다.

붕우 편

其間(기간)	行事(행사)	無限(무한)	進軍(진군)
其實(기실)	行動(행동)	無數(무수)	進擊(진격)
其他(기타)	行政(행정)	無情(무정)	前進(전진)
各其(각기)	行爲(행위)	無知(무지)	後進(후진)

언이 불신 　言而不信

6급	3급	7급	6급
言	而	不	信
말씀 언	말이을 이	아니 불	믿을 신

言言言言言言言
而而而而而而

不不不不
信信信信信信信信

뜻 말을 하되 미덥지 아니하면

言論(언론)	而立(이립)	不足(부족)	信念(신념)
言辯(언변)	而今(이금)	不得(부득불)	信賴(신뢰)
言語(언어)	和而不同	不撓不屈	信仰(신앙)
言動(언동)	(화이부동)	(불요불굴)	背信(배신)

붕우 편

비직 지우 非直之友

4급Ⅱ	7급	3급Ⅱ	5급
非	直	之	友
아닐 비	곧을 직	어조사 지	벗 우

뜻 정직하지 아니한 벗이다.

非理(비리)	直線(직선)	水魚之交	友情(우정)
非常口(비상구)	直說(직설)	(수어지교)	友愛(우애)
非凡(비범)	直喩(직유)	人之常情	友邦(우방)
非情(비정)	直接(직접)	(인지상정)	友好(우호)

붕우 편

| 교우 지도 | 交友之道 |

6급	5급	3급Ⅱ	7급
交	友	之	道
사귈 교	벗 우	어조사 지	길 도

交交交交交交
友友友友

之之之
道道道道道道道道道

뜻 친구를 사귀는 도리에는

交際(교제)	友軍(우군)	人之常情	道德(도덕)
交友(교우)	友誼(우의)	(인지상정)	道路(도로)
交遊(교유)	親友(친우)	漁夫之利	道義(도의)
交換(교환)	學友(학우)	(어부지리)	道程(도정)

붕우 편

莫如信義

막여 신의

3급Ⅱ	4급Ⅱ	6급	4급Ⅱ
莫	如	信	義
없을 막	같을 여	믿을 신	옳을 의

뜻 신의(信義)만한 것이 없다.

붕우 편

莫大(막대)	如反掌(여반장)	信徒(신도)	義理(의리)
莫强(막강)	如干(여간)	信望(신망)	義務(의무)
莫論(막론)	如前(여전)	信用(신용)	義兄弟(의형제)
莫重(막중)	缺如(결여)	信義(신의)	正義(정의)

군위 신강 / 君爲臣綱

君 (4급)	爲 (4급Ⅱ)	臣 (5급)	綱 (3급Ⅱ)
임금 군	될 위	신하 신	벼리 강

뜻 임금은 신하의 모범이 되고

君主(군주)	爲始(위시)	臣僚(신료)	綱領(강령)
君子(군자)	爲主(위주)	臣妾(신첩)	綱目(강목)
君臨(군림)	行爲(행위)	臣下(신하)	大綱(대강)
諸君(제군)	所爲(소위)	小臣(소신)	要綱(요강)

수신편

부위 자강	父爲子綱

8급	4급Ⅱ	7급	3급Ⅱ
父	爲	子	綱
아비 부	될 위	아들 자	벼리 강

뜻 아버지는 자식의 모범이 되며,

수신편

| 父子有親 (부자유친) 嚴父(엄부) 慈父(자부) | 爲先(위선) 爲民(위민) 當爲(당위) 作爲(작위) | 子孫(자손) 子婦(자부) 子女(자녀) 子爵(자작) | 綱常(강상) 綱維(강유) 紀綱(기강) 三綱(삼강) |

부위 부강　夫爲婦綱

夫	爲	婦	綱
7급	4급Ⅱ	4급Ⅱ	3급Ⅱ
남편 부	될 위	아내 부	벼리 강

뜻 남편은 아내의 모범이 되니

夫君(부군)	爲福(위복)	婦德(부덕)	紀綱(기강)
夫人(부인)	爲業(위업)	婦道(부도)	大綱(대강)
夫妻(부처)	爲國忠節	主婦(주부)	要綱(요강)
凡夫(범부)	(위국충절)	孫婦(손부)	政綱(정강)

수신편

시위 삼강　是謂三綱

是 (4급Ⅱ)	謂 (3급Ⅱ)	三 (8급)	綱 (3급Ⅱ)
이 시	이를 위	석 삼	벼리 강

뜻 이것을 삼강(三綱)이라 한다.

수신편

是認(시인)	所謂(소위)	三更(삼경)	綱維(강유)
是非(시비)	可謂(가위)	三寶(삼보)	綱常(강상)
是正(시정)		三千里(삼천리)	政綱(정강)
如是(여시)		三韓(삼한)	要綱(요강)

부자 유친 父子有親

8급	7급	7급	6급
父	子	有	親
아비 부	아들 자	있을 유	친할 친

父父父父
子子子

有有有有有有
親親親親親親親親親親

뜻 아버지와 아들은 서로 친해야 하고

父性愛(부성애)	子息(자식)	有別(유별)	親舊(친구)
父權(부권)	子女(자녀)	有限(유한)	親睦(친목)
義父(의부)	子孫(자손)	有益(유익)	嚴親(엄친)
親父(친부)	子婦(자부)	有利(유리)	家親(가친)

수신편

| 군신 유의 | 君臣有義 |

| 4급 | 5급 | 7급 | 4급Ⅱ |

君 臣 有 義

| 임금 군 | 신하 신 | 있을 유 | 옳을 의 |

君君君君君君君
臣臣臣臣臣臣臣

有有有有有有
義義義義義義義義義

뜻 임금과 신하는 의리가 있어야 하며,

君主(군주)	臣僚(신료)	有名(유명)	義捐金(의연금)
君子(군자)	臣下(신하)	有志(유지)	義士(의사)
君臨(군림)	功臣(공신)	有效(유효)	義兵(의병)
郎君(낭군)	忠臣(충신)	保有(보유)	義憤(의분)

수신편

부부 유별 夫婦有別

夫 (7급) 婦 (4급Ⅱ) 有 (7급) 別 (6급)

| 남편 부 | 아내 부 | 있을 유 | 분별 별 |

뜻 남편과 아내는 분별이 있어야 하고

夫君(부군)	婦德(부덕)	有史(유사)	別居(별거)
農夫(농부)	婦道(부도)	有情(유정)	別世(별세)
大丈夫(대장부)	妊婦(임부)	有能(유능)	別味(별미)
拙丈夫(졸장부)	産婦(산부)	共有(공유)	特別(특별)

수신편

| 장유 유서 | 長幼有序 |

8급	3급Ⅱ	7급	5급
長	幼	有	序
어른 장	어린이 유	있을 유	차례 서

長長長長長長長長
幼幼幼幼幼
有有有有有有
序序序序序序序

뜻 어른과 어린이는 차례가 있어야 하며,

長官(장관)	幼年(유년)	有閑(유한)	序曲(서곡)
長足(장족)	幼兒(유아)	有益(유익)	序論(서론)
長蛇陣(장사진)	幼稚(유치)	有色(유색)	序文(서문)
長者(장자)	幼稚園(유치원)	有夫女(유부녀)	序列(서열)

수신편

붕우 유신　朋友有信

3급	5급	7급	6급
朋	友	有	信
벗 붕	벗 우	있을 유	믿을 신

朋朋朋朋朋朋朋朋
友友友友
有有有有有有
信信信信信信信信

뜻 벗과 벗끼리는 신의가 있어야 하니,

수신편

朋黨(붕당)	友愛(우애)	有感(유감)	信賴(신뢰)
朋僚(붕료)	友情(우정)	有史(유사)	信用(신용)
朋輩(붕배)	友邦(우방)	有志(유지)	信義(신의)
朋友(붕우)	親友(친우)	所有(소유)	信標(신표)

| 시위 오륜 | 是謂五倫 |

4급Ⅱ	3급Ⅱ	8급	3급Ⅱ
是	謂	五	倫
이 시	이를 위	다섯 오	인륜 륜
是是是是是是是是是	謂謂謂謂謂謂謂謂謂謂	五五五五	倫倫倫倫倫倫倫倫倫倫

뜻 이것을 오륜(五倫)이라 한다.

是非(시비)	可謂(가위)	五感(오감)	倫理(윤리)
是認(시인)	所謂(소위)	五福(오복)	人倫(인륜)
是正(시정)	是謂五倫	五列(오열)	天倫(천륜)
如是(여시)	(시위오륜)	五輪旗(오륜기)	悖倫(패륜)

수신편

수신 제가 修身齊家

4급Ⅱ	6급	3급Ⅱ	7급
修	身	齊	家
닦을 수	몸 신	가지런할 제	집 가

뜻 제 몸을 닦고 집안을 잘 다스리는 것이

修鍊(수련)	身分(신분)	齊民(제민)	家庭(가정)
修繕(수선)	身元(신원)	齊家(제가)	家訓(가훈)
修養(수양)	身長(신장)	齊唱(제창)	家屋(가옥)
補修(보수)	身命(신명)	均齊(균제)	家具(가구)

수신편

치국 지본	治國之本

4급Ⅱ	8급	3급Ⅱ	6급
治	國	之	本
다스릴 치	나라 국	어조사 지	근본 본

治治治治治治治治
國國國國國國國國國

之之之
本本本本本

뜻 나라를 다스리는 근본이다.

治者(치자)	國是(국시)	漁夫之利	本能(본능)
治世(치세)	國政(국정)	(어부지리)	本分(본분)
治療(치료)	國策(국책)	浩然之氣	本質(본질)
治安(치안)	祖國(조국)	(호연지기)	根本(근본)

수신편

| 장자 자유 | 長者慈幼 |

8급	6급	3급Ⅱ	3급Ⅱ
長	者	慈	幼
어른 장	사람 자	사랑할 자	어린이 유

뜻 어른은 어린이를 사랑하고

長官(장관)	論者(논자)	慈堂(자당)	幼年(유년)
長蛇陣(장사진)	賢者(현자)	慈悲(자비)	幼兒(유아)
長足(장족)	前者(전자)	慈善(자선)	幼弱(유약)
長篇(장편)	後者(후자)	慈愛(자애)	幼稚園(유치원)

수신편

| 유자 경장 | 幼者敬長 |

3급Ⅱ	6급	5급	8급
幼	者	敬	長
어릴 유	사람 자	공경할 경	어른 장

뜻 어린이는 어른을 공경해야 한다.

幼年期(유년기)	富者(부자)	敬天(경천)	長征(장정)
幼蟲(유충)	患者(환자)	敬語(경어)	長篇(장편)
幼生(유생)	聖者(성자)	尊敬(존경)	長者(장자)
幼稚(유치)	筆者(필자)	恭敬(공경)	長兄(장형)

수신편

장로 지전 　長老之前

長 (8급)	老 (7급)	之 (3급Ⅱ)	前 (7급)
어른 장	노인 로	어조사 지	앞 전

뜻 어른과 노인 앞에서는

長短(장단)	老人(노인)	塞翁之馬	前線(전선)
長銃(장총)	老熟(노숙)	(새옹지마)	前後(전후)
長久(장구)	老鍊(노련)	漁夫之利	生前(생전)
長壽(장수)	元老(원로)	(어부지리)	午前(오전)

수신편

진퇴 필공　進退必恭

進 (4급Ⅱ)	退 (4급Ⅱ)	必 (5급)	恭 (3급Ⅱ)
나아갈 진	물러갈 퇴	반드시 필	공손할 공

뜻 나아가고 물러감을 반드시 공손히 해야 한다.

進軍(진군)	退却(퇴각)	必勝(필승)	恭敬(공경)
進擊(진격)	退路(퇴로)	必敗(필패)	恭待(공대)
進步(진보)	退陣(퇴진)	必有曲折	恭遜(공손)
前進(전진)	後退(후퇴)	(필유곡절)	溫恭(온공)

수신 편

아사 인친	我事人親

3급Ⅱ	7급	8급	6급
我	事	人	親
나 아	섬길 사	남 인	어버이 친

我我我我我我我
事事事事事事事事

人人
親親親親親親親親親親

뜻 내가 남의 부모님을 섬기면

我國(아국)	事大(사대)	人波(인파)	親舊(친구)
我輩(아배)	事情(사정)	人情(인정)	親睦(친목)
我執(아집)	事緣(사연)	人和(인화)	親知(친지)
自我(자아)	慶事(경사)	人性(인성)	兩親(양친)

수신편

인사 아친　人事我親

8급	7급	3급Ⅱ	6급
人	事	我	親
남 인	섬길 사	나 아	어버이 친

人人
事事事事事事事事

我我我我我我我
親親親親親親親親親

뜻 남도 나의 부모님을 섬겨 주고,

수신편

人福(인복)	事變(사변)	唯我獨尊	親戚(친척)
人德(인덕)	事由(사유)	(유아독존)	親知(친지)
人權(인권)	事實(사실)	自我(자아)	嚴親(엄친)
人事(인사)	事業(사업)	無我境(무아경)	家親(가친)

아경 인형　　我敬人兄

3급Ⅱ	5급	8급	8급
我	敬	人	兄
나 아	공경할 경	남 인	형 형
我我我我我我我		人人	
敬敬敬敬敬敬敬敬		兄兄兄兄兄	

뜻 내가 남의 형을 공경하면

수신편

我方(아방)	敬虔(경건)	人權(인권)	兄夫(형부)
我軍(아군)	敬老(경로)	人類(인류)	兄嫂(형수)
忘我之境	敬拜(경배)	哲人(철인)	妹兄(매형)
(망아지경)	敬語(경어)	詩人(시인)	姉兄(자형)

인경 아형 / 人敬我兄

8급	5급	3급Ⅱ	8급
人	敬	我	兄
남 인	공경할 경	나 아	형 형

뜻: 남도 나의 형을 공경해 준다.

人格(인격)	敬愛(경애)	自我(자아)	兄弟(형제)
人波(인파)	敬意(경의)	彼我(피아)	老兄(노형)
人事(인사)	敬聽(경청)	我田引水	師兄(사형)
人情(인정)	敬歎(경탄)	(아전인수)	學兄(학형)

수신편

독서 근검 / 讀書勤儉

6급 6급 4급 4급

讀 書 勤 儉

읽을 독 / 글 서 / 부지런할 근 / 검소할 검

讀讀讀讀讀讀讀讀讀讀
書書書書書書書書書書
勤勤勤勤勤勤勤勤勤勤
儉儉儉儉儉儉儉儉儉儉

뜻 글을 읽고 근검하게 사는 것이

수신편

讀書(독서)	書架(서가)	勤勞(근로)	儉朴(검박)
讀經(독경)	書類(서류)	勤勉(근면)	儉素(검소)
句讀點(구두점)	書齋(서재)	勤務(근무)	儉約(검약)
吏讀(이두)	書翰(서한)	勤續(근속)	勤儉(근검)

기가 지본	起家之本

4급Ⅱ	7급	3급Ⅱ	6급
起	家	之	本
일어날 기	집 가	어조사 지	근본 본

뜻 집안을 일으키는 근본이다.

起工(기공)	家家戶戶	浩然之氣	本家(본가)
起動(기동)	(가가호호)	(호연지기)	本貫(본관)
起伏(기복)	家風(가풍)	他山之石	本分(본분)
再起(재기)	家訓(가훈)	(타산지석)	根本(근본)

수신편

주경 야독 — 晝耕夜讀

晝 (6급)	耕 (3급II)	夜 (6급)	讀 (6급)
낮 주	밭갈 경	밤 야	읽을 독

뜻: 낮에는 밭을 갈고 밤에는 글을 읽으며,

- 晝間(주간)
- 晝耕夜讀(주경야독)
- 白晝(백주)
- 耕作(경작)
- 耕耘機(경운기)
- 親耕(친경)
- 休耕(휴경)
- 夜間(야간)
- 夜勤(야근)
- 夜食(야식)
- 夜學(야학)
- 讀者(독자)
- 讀破(독파)
- 朗讀(낭독)
- 判讀(판독)

수신편

| 수불 석권 | 手不釋卷 |

7급	7급	3급Ⅱ	4급
手	不	釋	卷
손 수	아니 불	놓을 석	책 권
手手手手 不不不不		釋釋釋釋釋釋釋釋釋 卷卷卷卷卷卷卷卷	

뜻 손에서는 책을 놓지 말아라.

| 手巾(수건)
手足(수족)
手記(수기)
手藝(수예) | 不要不急
(불요불급)
不請客(불청객)
不足(부족) | 釋明(석명)
釋放(석방)
釋然(석연)
解釋(해석) | 卷頭(권두)
卷末(권말)
卷帙(권질)
席卷(석권) |

수신편

차인 전적 借人典籍

借 (3급Ⅱ)	人 (8급)	典 (5급)	籍 (4급)
빌릴 차	사람 인	책 전	문서 적

借借借借借借借借借
人人

典典典典典典典
籍籍籍籍籍籍籍籍籍

뜻 남의 책을 빌려 오면

借款(차관)	人山人海	典當鋪(전당포)	籍田(적전)
借用(차용)	(인산인해)	典範(전범)	籍沒(적몰)
借入(차입)	人波(인파)	典型(전형)	典籍(전적)
貸借(대차)	人定(인정)	事典(사전)	戶籍(호적)

수신편

물훼 필완　勿毁必完

勿	毁	必	完
3급Ⅱ	3급	5급	5급
말 물	헐 훼	반드시 필	완전할 완

뜻 훼손시키지 말고 반드시 온전하게 하라.

勿驚(물경)	毁謗(훼방)	必要惡(필요악)	完結(완결)
勿論(물론)	毁損(훼손)	必勝(필승)	完遂(완수)
勿失好機	毁傷(훼상)	必敗(필패)	完快(완쾌)
(물실호기)	毁節(훼절)	必然(필연)	未完成(미완성)

수신편

빈궁 환난 貧窮患難

4급Ⅱ	4급	5급	4급Ⅱ
貧	窮	患	難
가난할 빈	곤궁할 궁	근심 환	어려울 난

뜻 빈궁이나 환난에는

貧困(빈곤)	窮極(궁극)	患亂(환란)	難局(난국)
貧富(빈부)	窮餘之策	患部(환부)	難産(난산)
貧益貧(빈익빈)	(궁여지책)	患者(환자)	難航(난항)
貧血(빈혈)	窮乏(궁핍)	宿患(숙환)	苦難(고난)

수신편

친척 상구 　 親戚相救

6급	3급Ⅱ	5급	5급
親	戚	相	救
친척 친	친척 척	서로 상	구원할 구

뜻 친척끼리 서로 구원하여 주고,

수신편

親睦(친목)	戚黨(척당)	相見(상견)	救國(구국)
親善(친선)	戚臣(척신)	相異(상이)	救急車(구급차)
親熟(친숙)	戚姪(척질)	相通(상통)	救助(구조)
親知(친지)	親戚(친척)	相互(상호)	救護(구호)

혼인 사상　婚姻死喪

4급	3급	6급	3급Ⅱ
婚	姻	死	喪
혼인할 혼	혼인할 인	죽을 사	복입을 상

뜻 결혼과 초상이 있을 때에는

婚期(혼기)	姻家(인가)	死亡(사망)	喪家(상가)
婚談(혼담)	姻親(인친)	死活(사활)	喪主(상주)
婚禮(혼례)	姻戚(인척)	死後(사후)	喪服(상복)
婚事(혼사)	姻婚(혼인)	死滅(사멸)	初喪(초상)

인보 상조 (隣保廂助)

隣 (3급)	保 (4급Ⅱ)	相 (5급)	助 (4급Ⅱ)
이웃 린	보호할 보	서로 상	도울 조

뜻: 이웃끼리 서로 도와야 한다.

隣近(인근)	保守(보수)	相對(상대)	助力(조력)
隣接(인접)	保育(보육)	相好(상호)	助詞(조사)
隣村(인촌)	保證(보증)	樣相(양상)	助言(조언)
隣保(인보)	保險(보험)	眞相(진상)	助長(조장)

수신편

화복 무문 / 禍福無門

禍	福	無	門
3급Ⅱ	5급	5급	8급
재화 화	복 복	없을 무	문 문

뜻 화와 복에는 문이 따로 없다.

禍根(화근)	福祉(복지)	無限(무한)	門外漢(문외한)
禍福(화복)	福德房(복덕방)	無數(무수)	門閥(문벌)
戰禍(전화)	祝福(축복)	無情(무정)	城門(성문)
殃禍(앙화)	壽福(수복)	無智(무지)	專門(전문)

수신편

유인 자초	惟人自招
3급 8급	7급 4급
惟 人	自 招
오직 유 · 사람 인	스스로 자 · 부를 초
惟惟惟惟惟惟惟惟惟惟 人人	自自自自自自 招招招招招招招

뜻 오직 자신이 스스로 부르는 것이다.

| 惟獨(유독)
伏惟(복유)
思惟(사유) | 人格(인격)
人權(인권)
個人(개인)
凡人(범인) | 自身(자신)
自己(자기)
自生(자생)
自省(자성) | 招待(초대)
招來(초래)
招請(초청)
招魂(초혼) |

수신편

적선 지가 積善之家

4급	5급	3급Ⅱ	7급
積	善	之	家
쌓을 적	착할 선	어조사 지	집 가

積積積積積積積積積
善善善善善善善善善善
之之之
家家家家家家家家家家

뜻 착한 일을 많이 한 집에는

積極性(적극성)	善意(선의)	塞翁之馬	家族(가족)
積立金(적립금)	善政(선정)	(새옹지마)	家親(가친)
積善(적선)	改善(개선)	漁夫之利	一家(일가)
積載(적재)	慈善(자선)	(어부지리)	專門家(전문가)

수신편

| 필유 여경 | 必有餘慶 |

| 5급 | 7급 | 4급Ⅱ | 4급Ⅱ |

必 有 餘 慶

| 반드시 필 | 있을 유 | 남을 여 | 경사 경 |

必必必必必
有有有有有
餘餘餘餘餘餘餘餘餘
慶慶慶慶慶慶慶慶慶

뜻 반드시 자손에게 경사가 생기고,

수신편

必有曲折	有名(유명)	餘暇(여가)	慶宴(경연)
(필유곡절)	有望(유망)	餘談(여담)	慶弔(경조)
必是(필시)	占有(점유)	餘白(여백)	慶祝(경축)
必然(필연)	所有(소유)	餘裕(여유)	慶賀(경하)

| 적악 지가 | 積惡之家 |

4급	5급	3급Ⅱ	7급
積	惡	之	家
쌓을 적	악할 악	어조사 지	집 가

뜻 나쁜 짓을 많이 한 집에는

積金(적금)	惡談(악담)	他山之石	家風(가풍)
積雪(적설)	惡毒(악독)	(타산지석)	家訓(가훈)
見積(견적)	惡名(악명)	浩然之氣	家率(가솔)
累積(누적)	惡夢(악몽)	(호연지기)	家庭(가정)

수신편

| 필유 여앙 | 必有餘殃 |

5급	7급	4급Ⅱ	3급
必	有	餘	殃
반드시 필	있을 유	남을 여	재앙 앙

뜻 반드시 자손에게 재앙이 있을 것이다.

必死的(필사적)	有史(유사)	餘分(여분)	殃孼(앙얼)
必勝(필승)	有限(유한)	餘生(여생)	殃禍(앙화)
必敗(필패)	有志(유지)	殘餘(잔여)	苛殃(가앙)
必然(필연)	有利(유리)	剩餘(잉여)	災殃(재앙)

수신편

'사자 소학'은
단순한 **기초 한자 교과서**가
아니라, 세월이 흘러도 영원히
변하지 않는, 시공을 초월한
인성 교육의 바이블로서,
이를 익히다 보면,
한자 공부뿐만 아니라
도덕성 회복과
인간성 복원에
크게 기여할 것이다.

● 지혜와 해학이 넘치는

속담 풀이 사전

*가까운 남이 먼 친척보다 낫다
-이웃에서 서로 가까이 친하게 지내면, 먼 데 있는 친척보다 더 친근하게 된다는 뜻.

*가난 구제는 나라도 어렵다
-가난한 사람의 구제는 나라의 힘으로도 어렵다는 말. 그러므로 한 개인의 힘으로는 곤란하다는 뜻.

*가난할수록 기와집 짓는다
-가난한 사람이 남에게 잘 사는 것처럼 보이려고 겉치장을 한다는 뜻. 가난할수록 잘 살아 보려고 큰 일에 손댄다는 뜻.

*가는 날이 장날이다
-뜻밖의 일이 우연히 잘 들어맞는다는 뜻.

*가는 말에 채찍질한다
-잘 달리고 있는 말에 채찍질을 한다는 말로서, 잘 하고 있는 일을 더 잘 하도록 격려한다는 뜻. 닫는 말에 채찍질한다.

*가는 방망이 오는 홍두깨
 -방망이로 남을 때리면 그 사람은 홍두깨로 나를 때린다는 말로서, 내가 남에게 조금 잘못하면 나에게는 더 큰 해가 돌아온다는 뜻.

*가는 세월 오는 백발
 -세월이 가면 누구나 늙게 마련이라는 뜻.

*가는 토끼 잡으려다 잡은 토끼 다 놓친다
 -욕심을 내어 한꺼번에 여러 가지 일을 하려다가 도리어 이루어 놓은 일까지 망치게 된다는 뜻.

*가랑비에 옷 젖는 줄 모른다
 -시원찮게 오는 가랑비에 옷이 젖는 줄 모르게 젖는다는 말로서, 조금씩조금씩 없어지는 줄 모르게 재산이 줄어든다는 뜻.

*가랑잎이 솔잎더러 바스락거린다고 한다
 -솔잎보다 더 마른 가랑잎이 덜 바스락거릴 리가 있는가? 그런데 도리어 솔잎더러 바스락거린다고 나무란다는 말이니, 자기 결점은 모르고 다른 사람을 탓한다는 뜻. 똥 묻은 개가 겨 묻은 개를 나무란다.

*가루는 칠수록 고와지고 말은 할수록 거칠어진다
-가루는 채로 칠수록 고와지지만 말은 이 입에서 저 입으로 옮겨갈수록 보태져서 점점 거칠게 변해 간다는 뜻.

*가물에 콩 나듯
-가물 때 콩이 드문드문 나는 것과 마찬가지로, 무슨 일이 드문드문 생길 때 쓰는 말.

*가뭄 끝은 있어도 장마 끝은 없다
-한해(旱害)보다 수해(水害)가 더 큰 피해를 입힌다는 뜻.
불난 끝은 있어도 물난 끝은 없다.

*가재는 게 편이다
-가재는 게와 모양이 비슷하기 때문에 게 편을 든다는 말로서, 서로 인연 있는 것끼리 한편이 된다는 뜻.

*가지 많은 나무 바람 잘 날이 없다
-가지가 많은 나무는 늘 바람에 흔들린다는 뜻으로, 자식을 많이 둔 부모는 근심이 그칠 날이 없음을 가리키는 말.

*간에 가 붙고 염통에 가 붙는다
-자기 이해만 따져 체면과 인격은 돌보지 않고, 자기에게 이로운 데로만 붙어 아첨하는 사람을 두고 이르는 말.

*간에 기별도 안 가다
-음식을 조금 먹어서 양에 차지 않는다는 뜻.

*갈수록 태산이라
-어려운 고비를 당하였는데다, 일이 점점 더 어려워만 되어간다는 뜻. 산 넘어 산이다.

*감기 고뿔도 남은 안 준다
-감기나 고뿔은 누구나 다 싫어하는 병이지만, 이 병까지도 남에게 주지 않을 정도로 몹시 인색한 사람을 두고 이르는 말.

*값싼 것이 비지떡
-무슨 물건이고 값이 싸면 품질이 좋을 수 없다는 뜻.

*갓 쓰고 자전거 탄다
-갓을 쓰고 자전거를 타면 얼마나 우스꽝스러운 것인가? 제격에 맞지 않는 일을 한다는 뜻.

*강물도 쓰면 준다
-강의 물은 한없이 많은 것 같지만 그것도 자꾸 쓰면 줄어든다는 말로서, 아무리 많아도 헤프게 쓰지 말고 아껴 써야 한다는 뜻.

*강원도 포수

-강원도에는 산이 많기 때문에 포수가 한번 들어가는 것은 보았지만, 좀처럼 나오는 것은 못 본다는 뜻으로, 밖에 나갔다가 한참 만에 돌아오는 사람을 두고 이르는 말. 함흥차사(咸興差使).

*같은 값이면 다홍 치마

-이왕에 값이 똑같으면 더 좋은 물건을 가지겠다는 뜻.

*개 꼬리 삼 년 두어도 황모 못 된다

-본바탕이 좋지 않은 것은 어떻게 해도 그 본질이 좋아지지 않음을 비유적으로 이르는 말로서, 본래의 제 천성은 고치기 어렵다는 뜻.

*개 눈에는 똥만 보인다

자기가 어떤 물건을 몹시 좋아하면, 모든 물건이 다 그 물건으로만 보인다는 뜻.

*개같이 벌어서 정승같이 쓴다

-벌 때는 일의 좋고 나쁜 것을 가리지 않고 아무렇게나 벌어도 쓸 때는 빛이 나게 쓴다는 뜻.

*개구리 올챙이 적 생각을 못 한다

-자기의 지위가 높아지면 옛날에 지위가 낮을 때와 어려

울 때 생각을 못 한다는 뜻.

*개구리 주저앉는 뜻은 멀리 뛰자는 뜻이다
-어떤 큰 일을 하기 위한 준비 태세가 언뜻 보기에는 못나고 어리석어 보일 수 있음을 비유적으로 이르는 말.

개똥 밭에 굴러도 이승이 낫다
아무리 구차하게 살아도 죽는 것보다는 살아 있는 것이 낫다는 뜻.

*개똥도 약에 쓰려면 없다
지천으로 흔하던 물건도 정작 필요하여 찾으면 없다는 뜻.

*개미 구멍으로 공든 탑 무너진다
조그만 잘못으로 인하여 큰 손해를 보았을 때 쓰이는 말.

*개 발에 편자
개 발에 말굽에 붙이는 편자가 맞을 리가 있을까? 무슨 일이고 그 격에 어울리지 아니함을 두고 이르는 말.

*개 밥에 도토리
-개가 도토리를 먹지 않으니, 개 밥에 든 도토리는 결국 도토리만 남게 된다. 자기만이 외톨이가 될 때 쓰는 말.

*개천에서 용 났다
-보잘것 없는 집안에서 훌륭한 인물이 났을 때 쓰이는 말.

*거지도 부지런하면 더운 밥 얻어먹는다
-사람은 어떻든 부지런해야 복을 받고 살 수 있다는 뜻.

*거짓말이 외삼촌보다 낫다
-거짓말도 경우에 따라서는 처세에 이로울 수 있다는 뜻.

*걱정도 팔자
-자기에게는 아무 관계 없는 남의 걱정까지 할 때 핀잔 주는 말.

*걷기도 전에 뛴다
-아직 걷지도 못하는 것이 뛴다는 것은 있을 수 없는 일이니, 모든 일을 순서와 계단을 밟지 않고 할 때 쓰는 말.

*검둥개 멱 감기듯
-검은 개를 아무리 씻어 줘도 희어질 리가 없으니, 자기의 천성은 고치기 어렵다는 뜻.

*게 눈 감추듯 한다
-음식을 빨리 먹는 것이 게가 눈을 감추듯이 몹시 재빠르다는 뜻.

*게으른 선비 책장 넘기기
-글 읽는 데 마음이 붙지 않으므로 책장만 뒤지고 있다는 뜻으로서, 무릇 무슨 일이고 일은 알차게 하지 않고 그 분량만 헤아리는 사람을 두고 이르는 말.

*겨 묻은 개가 똥 묻은 개 흉본다
-자기의 잘못은 모르고 남의 잘못만 흉본다는 뜻.

*견물 생심(見物 生心)
-안 볼 때는 별로 생각도 없던 것도 실제로 그 물건을 보면 갖고 싶은 욕심이 생긴다는 말.

*고기는 씹어야 맛이요, 말은 해야 맛이라
-고기의 참 맛은 씹어야 나고, 말도 할 말은 시원히 다 해 버려야 한다는 뜻.

*고기도 저 놀던 물이 좋다
-평소에 자기의 낯익은 곳이 좋다는 뜻.

*고래 싸움에 새우 등 터진다

-힘센 사람이 서로 싸우는데, 약한 사람이 그 사이에 끼여 관계없이 해를 입을 때 쓰는 말.

*고름이 살 되나?

-고름은 몸에 아무리 넣어 두어야 살이 될 리가 없다는 말로서, 소용 없는 것은 미리 없애 버려야 한다는 뜻.

*고양이 목에 방울 달기

-쥐들이 고양이 목에다 방울을 달면 그 소리를 듣고 고양이가 오는 줄 알고 미리 피할 터이나, 고양이 목에다 방울을 달 수가 없으니, 실행할 수 없는 헛 공론만 쓸데없이 논할 때 쓰는 말.

*고양이 앞에 쥐

-몹시 무서워서 쩔쩔 맬 때 쓰는 말.

*고양이 쥐 사정 보듯

-고양이가 쥐의 사정을 볼 리가 있겠는가? 속으로는 해칠 마음을 먹고, 겉으로는 친한 체할 때 쓰는 말. 고양이 쥐 생각하듯.

*고양이에게 생선 지키라는 격이다

고양이에게 생선을 지키라고 하면, 그놈이 지키기는커녕

도리어 훔쳐먹을 것이니, 믿지 못할 사람에게 귀중한 물건을 맡길때 쓰는 말. 강아지 메주 멍석 맡긴 것 같다.

*공든 탑이 무너지랴?
-공을 들이고 힘을 들여 한 일은 그리 쉽사리 없어지거나 실패하지 않는다는 뜻.

*광에서 인심난다
-여유가 있는 데서 남을 돕게 된다는 말.

*구더기 무서워 장 못 담글까?
-구더기가 날까 봐 장을 못 담글 리야 있겠는가? 다소 방해되는 물건이 있다고 해서 마땅히 해야 할 일까지도 못 할 수는 없다는 뜻.

*구렁이 담 넘어가듯 한다
-일을 분명하고 깔끔하게 처리하지 않고 슬그머니 얼버무려 버림을 비유적으로 이르는 말.

*구멍은 깎을수록 커진다
-잘못된 일을 수습하려다가 점점 더 크게 잘못되어 가는 경우를 두고 하는 말.

*구슬이 서 말이라도 꿰어야 보배

-아무리 구슬이 많이 있어도 꿰어 놓지 않으면 그 값어치가 없는 것이니, 아무리 훌륭한 일이라도 완전히 끝을 맺어 놓아야 비로소 그 가치가 있다는 뜻.

*국에 데인 놈 물 보고 분다

-어떤 일에 한번 놀라면 그와 비슷한 것만 봐도 미리 겁을 먹는다는 뜻. 자라 보고 놀란 가슴 솥뚜껑 보고 놀란다.

*굳은 땅에 물이 괸다

-헤프지 않고 알뜰한 사람이 재산을 모은다는 말.

*굼벵이도 구르는 재주는 있다

-아무리 둔하고 미련한 굼벵이도 구르는 재주는 있다는 말로서, 보기에는 우둔한 사람도 다 제각기 장점 하나쯤은 있다는 뜻.

*굿이나 보고 떡이나 먹지

-남의 일에 쓸데없는 간섭을 말고 가만히 보고만 있다가 이익이나 얻겠다는 뜻.

*궁지에 몰린 쥐가 고양이를 문다

-아무리 약한 놈이라도 죽을 지경에 이르면 용기를 내어

달려든다는 뜻.

*궁하면 통한다
- 매우 어려운 처지에 놓이면 이것을 벗어나기 위해 노력을 하기 때문에 길이 생긴다는 말.

*권불 십년(權不十年)
- 권세(權勢)가 십 년을 넘지 못한다는 뜻. 화무십일홍(花無十日紅).

*귀머거리 삼 년이요, 벙어리 삼 년이라
- 옛날 가정에서, 시집온 여자가 모든 일에 함부로 간섭하지 않고 몹시 조심하여, 못 들은 체, 알고도 모르는 체하여야 한다는 뜻.

*귀신도 빌면 듣는다
- 사람이면, 남이 자기에게 진심으로 사과하면 용서하지 않을 수 없다는 뜻.

*귀신이 곡하다
- 일이 하도 기묘하고 신통하여 귀신까지도 탄복한다는 뜻.

*귀에 걸면 귀걸이 코에 걸면 코걸이
-이렇게 하면 이렇게 되고 저렇게 하면 저렇게 된다는 말로서, 자기의 주견과 주장이 없이 행동하는 사람을 두고 이르는 말. 이현령 비현령.

*귀한 자식 매 한 대 더 때리고, 미운 자식 떡 한 개 더 준다
-자녀 교육을 올바르게 하려면, 당장 좋은 것이나 주고 뜻을 맞추기보다 귀할수록 버릇을 잘 가르쳐야 한다는 말.

*귓문이 넓다
-남의 말을 잘 듣는 사람을 두고 이르는 말.

*그 밥에 그 나물이다
-수수하게 제 본색에 어울리어 별로 흉볼 것 없음을 비유하는 말.

*그 아비에 그 아들
-잘난 아버지에게서는 잘난 자식이, 못난 아버지에게서는 못난 자식이 태어난다는 말.

*그릇도 차면 넘친다
-세상 모든 것은, 한번 성하면 반드시 다시 쇠하고 줄어든다는 뜻.

*그림의 떡
-그림의 떡은 먹을 수 없다는 뜻으로, 실제에 아무 소용 없는 것을 두고 하는 말.

*글 속에 글이 있고, 말 속에 말이 있다
-내용 속에 또 내용이 들어 있다는 뜻.

*긁어 부스럼
-긁지 않았더라면 아무 탈이 없었을 것을 긁었기 때문에 부스럼이 생겼다는 뜻으로서, 자기가 스스로 재앙을 만들었을 때 쓰는 말. 찔러 피 낸다.

*금강산도 식후경
-아무리 재미있는 일이라도 모두 배가 부른 뒤에 할 것이지, 배가 고프면 구경도 경황이 없다는 뜻.

*금상 첨화(錦上添花)
-좋은 물건을 더 좋게 만들었다는 뜻.

*금의 환향(錦衣還鄉)
-타향에 가서 성공하여 돌아옴을 가리키는 말.

*급하기는 우물에 가서 숭늉 달라겠다
-숭늉은 밥을 지어 낸 뒤에 솥에 물을 부어 데운 물인데

어찌 우물에서 찾을 것인가? 모든 일에 아무 절차와 분간도 없이 급히 굴 때 쓰는 말.

*급하면 바늘 허리에 실 매어 쓸까

−바늘 귀에 실을 꿰어서 쓰지 바늘 허리에 실을 매어 가지고는 쓸 수 없으므로, 모든 일에 있어서 아무리 급해도 일정한 절차는 밟아야 한다는 뜻.

*급히 더운 방이 쉬 식는다

−모든 일을 너무 급히 서두르면 그 결과가 좋지 않다는 뜻.

*기르던 개에게 다리를 물렸다

−제가 도와 주고 은혜를 베푼 사람으로부터 도리어 큰 화를 입었다는 말.

*기지도 못하면서 뛰려고 한다

−자기의 실력을 모르고 턱없는 무리한 일을 하려고 한다는 뜻.

*긴병에 효자 없다

−모든 일에 있어 한 가지 일만 오래 계속하게 되면, 저절로 성의가 부족해진다는 뜻.

*길 닦아 놓으니까 미친년 먼저 지나간다
-애써 해 놓은 것을 당치도 않게 반갑지 않은 자가 먼저 이용할 때 쓰는 말.

*길을 두고 뫼로 갈까?
-평탄한 길을 두고 험한 산길로 가는 경우를 뜻하니, 모든 일에 있어 쉽게 할 수 있는 것을 구태여 어렵게 할 때 쓰는 말.

*길이 아니면 가지 말고, 말이 아니면 탓하지 말라
-지나치게 사리에 맞지 않는 말을 하는 것은 도리어 그것을 탓하여, 시비를 가릴 필요조차 없다는 뜻.

*까마귀 고기를 먹었나
-잘 잊어버리는 사람을 조롱하는 말. '왜 까맣게 잊었느냐'에서 온 말.

*까마귀 날자 배 떨어진다
-배나무에 앉았던 까마귀가 막 날 때, 배가 떨어지면 혹 그 까마귀가 배를 떨어뜨린 것같이 여길지도 모르나, 사실 그것은 두 가지 일이 우연히 동시에 일어났을 뿐이니 배 떨어진 것과 까마귀 난 것은 아무 관계가 없다는 뜻으로, 공교롭게 우연히 두 가지 일이 같은 때에 생겼을 때 쓰는 말

이다. 오비이락(烏飛梨落).

*까마귀 학이 되랴
-아무리 애를 써도 타고난 본바탕은 어찌할 수가 없다는 말. 닭의 새끼 봉이 되랴.

*까마귀는 검어도 속은 희다
-겉 모양은 흉하여도 속은 깨끗하다는 말로서, 겉 모양이 보기에 흉하다고 속 마음까지 흉측하지는 않다는 뜻.

*깨진 그릇 맞추기
-한번 잘못된 일을 다시 예전대로 돌이키려고 아무리 애써도 되지 않는다는 뜻. 엎지른 물.

*꼬리가 길면 밟힌다
-아무리 숨어서 하는 일이라도 자꾸 오래 계속하면 결국은 드러나게 된다는 뜻.

*꽁지 빠진 새 같다
-새는 꽁지가 있어야 겉 모양이 그럴듯한데 꽁지가 빠졌으니 얼마나 보기 흉할까? 즉, 꼴이 볼 것 없는 것을 가리키는 말.

*꽃이 좋아야 나비가 모인다
-자기 물건이 좋아야 살 사람이 많다고 할 때나, 자기 딸이나 아들이 똑똑해야 사위나 며느리도 훌륭한 사람을 구할 수 있다고 할 경우에 쓰는 말. 내 딸이 고와야 사위도 잘 고른다.

*꾸어 온 보릿자루
-여럿이 모여 떠드는 데, 혼자 잠자코 있는 사람을 조롱하는 말.

*꿀 먹은 벙어리요, 침 먹은 지네라
-①어떠한 행동을 해 놓고 안 한 체하고 시침을 딱 떼는 사람을 가리키는 말.
-②아무리 답답한 사정이 있어도 말도 못하고 혼자 안타까워하는 사람을 가리키는 말.

*꿀도 약이라면 쓰다
-자기에게 이로운 말을 싫어할 때 쓰는 말.

*꿈보다 해몽이 낫다
-꿈은 아무렇게 꾸었어도 해몽만 잘 하면 그만이라는 말로서, 느낌은 좋지 못하여도 만들어 꾸미기만 잘 하면 그만이라는 뜻.

*꿩 대신 닭
-자기가 원하던 물건이 없으면 그와 비슷한 것으로 대신 쓴다는 뜻.

*꿩 먹고 알 먹는다
-한 가지 일을 하고 두 가지 이익을 볼 때 쓰는 말.

*꿩 잡는 것이 매
-실제에 효과 있는 것이 제일이라는 뜻.

*끈 떨어진 뒤웅박
-혼자 홀로 떨어져서 아무 데도 붙일 곳 없이 굴러 다닌다는 뜻으로, 조금도 의지할 곳이 없을 때 쓰는 말.

*끝 부러진 송곳
-송곳의 끝이 부러지면 무슨 소용이 있겠는가? 못쓰게 된 물건이라는 뜻.

*나 먹자니 싫고, 개 주자니 아깝다
- 나에게는 소용없는 물건도 남에게 주기는 싫다는 뜻.

*나는 바담 풍(風) 해도, 너는 바람 풍 해라
- 자기는 잘못하면서도 남만 잘 하라고 요구하는 사람을 빗대서 하는 말.

*나는 새도 떨어뜨리고, 닫는 짐승도 못 가게 한다
- 권세가 등등하여 모든 일을 마음대로 한다는 뜻.

*나도 덩더쿵 너도 덩더쿵
- 덩더쿵은 북치는 소리로, 의견이 틀려 서로 제 의견이 옳다고 고집하고 타협이 좀처럼 되지 않을 때 쓰는 말.

*나무도 쓸 만한 것 먼저 벤다
- 좀 잘난 사람이 일찍 죽을 경우에 쓰는 말.

*나무에 올라 고기를 구한다
- 있지 않을 곳에 가서 애써 구함을 두고 이르는 말. 연목

구어(緣木求魚).

*나무에 잘 오르는 놈 떨어져 죽고, 헤엄 잘 치는 놈 빠져 죽는다
-흔히 잘 하여 자신이 있는 일에 도리어 실패하는 경우가 많다는 뜻.

*나이 덕이나 보지
-나이 먹은 사람을 대접해 달라는 말.

*나이 이길 장사 없다
-아무리 왕성한 장사도 나이가 들면 쇠퇴하는 것은 어찌할 수 없다는 뜻.

*나중 난 뿔이 우뚝하다
-후배들이 선배보다 더 나을 때 쓰는 말.

*나중에는 삼수 갑산(三水甲山)을 갈지라도
-나중에야 아무리 험하고 나쁜 지경에 이를지라도 그 일은 꼭 해야겠다고 결심할 때 쓰는 말.

*낙동강에 오리알 떨어지듯 한다
-남의 것을 떼어먹고 가뭇없이 없어졌다는 말.

*낙숫물이 댓돌을 뚫는다
-시원찮게 하는 것 같은 일도 오래 계속하면 큰 공을 이룰 수 있다는 뜻.

*낙타가 바늘 구멍 찾는 격
-아주 찾기 어려운 것을 비유하는 말.

*날개 부러진 매
-매가 날개가 부러졌다면 무슨 힘이 있겠는가? 힘없고 세력 없는 신세가 되었다는 뜻.

*날샌 올빼미 신세
-올빼미는 낮에는 앞을 못 보니까 숨어 있다가 밤에 나와 돌아다니는 새로, 낮에는 얼마나 외롭고 쓸쓸하겠는가? 고독하고 의지할 데 없는 신세가 되었다는 뜻.

*남남북녀(南男北女)
-우리 나라에서는 남쪽 지방에는 남자가 잘났고, 북쪽 지방에는 여자가 아름답다고 옛날부터 일러오던 말.

*남아 일언 중천금
-남자의 말 한 마디가 천금같이 무겁다는 뜻이니, 말의 중요성을 강조한 말.

*남의 눈에 눈물 내면 제 눈에는 피가 난다
-남에게 나쁜 일을 하면, 반드시 저는 그보다 더 큰 벌을 받는다는 뜻.

*남의 다리 긁는다
-자기를 위하여 한 일이 결과는 남을 위하여 한 일이 되었을 때 쓰는 말.

*남의 돈 천 냥이 내 돈 한 푼만 못하다
-아무리 하찮은 것이라도 자기 물건이 제일이라는 뜻.

*남의 떡에 설 쇤다
-자기는 가난하여 떡을 못 하고 남이 준 떡으로 설을 쇤다는 뜻이니, 남의 덕으로 일을 이루었을 때 쓰는 말.

*남의 말 하기는 식은 죽 먹기
-남의 잘못을 말하기는 대단히 쉽다는 뜻.

*남의 말도 석 달
-아무리 크게 퍼진 소문도 시일이 지나면 흐지부지 없어진다는 뜻.

*남의 말이면 쌍지팡이 짚고 나선다

-남의 말을 잘 탓하고 나서는 사람을 두고 이르는 말.

*남의 발에 버선 신긴다

-자기를 위해 한 일이 결과적으로 남을 위한 일이 되었다는 뜻.

*남의 밥의 콩이 더 굵어 보인다

-남의 것은 자기 것보다 좋게 보인다는 뜻으로, 사람의 욕심이 많음을 두고 이르는 말.

*남의 속에 있는 글도 배운다

-눈에 보이지 않는 남의 속에 있는 것도 배우는데, 하물며 직접 보이는 것이야 못 배울 리가 없지 않느냐는 뜻.

*남의 잔치에 감 놓아라 배 놓아라 한다

-쓸데없이 남의 일에 간섭을 한다는 뜻.

*남의 장단에 춤춘다

-자기의 주장은 없이 남의 의견에만 좇아 행동함을 이르는 말.

*남이 장에 간다고 하니 거름 지고 나선다
- 남이 하는 대로 따라 행동하는 사람을 비웃는 말.

*낫 놓고 기역자도 모른다
- 기역자 모양으로 생긴 낫을 보고도 기역(ㄱ)자를 모른다는 뜻이니, 무식한 사람을 두고 이르는 말.

*낮 말은 새가 듣고 밤 말은 쥐가 듣는다
- 아무도 안 듣는 데에서라도 말은 조심해야 한다는 뜻.

*낮에 난 도깨비
- 염치없이 제 욕심만 부리는 사람을 두고 이르는 말.

*내 것 주고 뺨 맞는다
- 이중으로 손해를 볼 때 하는 말.

*내 돈 서 푼은 알고 남의 돈 칠 푼은 모른다
- 무엇이든 자기 것만 소중히 여긴다는 뜻.

*내 딸이 고와야 사위도 고른다
- 자기가 가지고 있는 것은 보잘것 없는데, 남의 것만 완전한 것을 구하는 사람을 두고 이르는 말.

*내 말은 남이 하고 남 말은 내가 한다
-사람은 누구나 제 잘못은 젖혀놓고 남의 말 하기를 좋아한다는 뜻.

*내 몸이 높아지면 아래를 살펴야 한다
-남의 윗 자리에 있는 사람은 항상 아랫 사람들을 보살피고 또 삼가야 한다는 말.

*내 손톱에 장을 지져라
-어떤 일을 두고 그 일이 절대로 안 된다고 장담할 때 쓰는 말.

*내 코가 석 자
-내 코가 석 자나 흘러 귀찮은데 어느 겨를에 남의 코 흐르는 걱정까지 하겠는가? 남의 걱정까지 할 여유가 없다는 뜻.

*내리사랑은 있어도 치사랑은 없다
-윗 사람이 아랫 사람을 사랑하기는 쉬워도 아랫 사람이 윗 사람을 사랑하기는 힘들다는 뜻.

*냇물은 보이지 않는데 신발부터 벗는다
-아직 하지 않아도 되는 일을 미리부터 서두른다는 뜻.

*냉수 먹고 이 쑤신다
-냉수를 마셨는데 이 사이에 끼일 것이 있겠는가? 필요하지 않은 것을 한다는 뜻.

*냉수도 불면서 마신다
-쓸데없이 걱정하고 겁을 내는 사람을 두고 이르는 말. 구운 게도 다리 떼고 먹는다.

*냉수에 이 부러진다
-도무지 이치에 맞지 않아 어이가 없다는 뜻.

*너는 용빼는 재주 있느냐
-'너는 뭐 특별한 재주가 있느냐?'는 뜻.

*노는 입에 염불하기
-아무것도 하지 않고 노는 것보다는 무엇이든지 하는 것이 낫다는 뜻.

*노루를 피하니 범이 나온다
-점점 일이 더 험해질 때 쓰는 말. 갈수록 산이라.

*농부가 굶어도 종자는 베고 죽는다
-①자기가 죽고 나면 재물은 이제 소용없는 것인데, 그것

을 모르고 몹시 아낀다는 뜻.
 -②농부는 씨앗만은 대단히 소중하게 여긴다는 뜻.

*놓아 먹인 말
-보고 배운 것이 없이 막 자란 사람을 두고 이르는 말.

*놓친 고기가 더 크다
-먼저 것이 더 좋았다고 생각한다는 뜻.

*누운 소 똥 누듯 한다
-매우 쉬운 일을 한다는 뜻. 누운 소 타기.

*누울 자리를 보아 가며 발 뻗는다
-형편과 결과를 생각해 가며 일을 처리한다는 뜻.

*누워 떡 먹기
-일이 매우 쉽다는 뜻.

*누워서 침 뱉기
-누워서 침을 뱉으면 어디로 떨어질 것인가? 남에게 해를 끼치려다가 도리어 자기에게 해가 돌아올 때 쓰는 말.

*누이 좋고 매부 좋다
- 피차 서로 좋다는 뜻.

*눈 가리고 아웅
- 결코 넘어가지 않을 얕은 꾀로 남을 속이려고 한다는 뜻. 입 가리고 고양이 흉내.

*눈 감으면 코 베어 먹을 세상
- 눈을 감으면 코를 베어 간다는 말이니, 세상 인심이 험악하다는 뜻.

*눈 뜨고 도둑맞는다
- 번연히 알면서도 하는 수 없이 손해를 당할 때 쓰는 말.

*눈 뜨고 코 베어 갈 세상
- 번연히 보고 있으면서도 해를 당할 정도로 무서운 세상이라는 뜻.

*눈 먼 고양이 달걀 어르듯 한다
- 제게 소중한 것임을 알고 애지중지한다는 말.

*눈 먼 자식이 효도한다
- 보기에 대단찮던 것이 매우 유익하게 이용될 때 쓰는

말. 병신 자식 효도한다.

*눈 위에 서리 친다
-눈 덮인 위에 서리까지 내린다는 말로서, 일이 점점 더 심하여 간다는 뜻. 설상가상(雪上加霜).

*눈 코 뜰 사이 없다
-몹시 바쁘다는 뜻.

*눈엣가시
-눈에 든 가시가 얼마나 귀찮을 것인가? 매우 미운 사람을 가리키는 말.

*눈치가 빠르면 절에 가서도 새우젓을 얻어먹는다
-사람이 영리하고 수단만 있으면 절에 있을 리가 없는 새우젓까지도 절에서 얻어먹을 수도 있다는 뜻으로, 사람이 영리하고 수단만 있으면 겉으로는 못 할 일도 뒤로 비밀히 할 수 있다는 말.

*눈치 코치 모른다
-남이 미워하는지 좋아하는지 모르고 행동한다는 말.

*느린 소도 성낼 적이 있다
-아무리 성미가 느리고 순한 듯한 사람도 성이 나면 무섭

다는 뜻.

*느릿느릿 걸어도 황소 걸음
-앞으로 나가는 속도는 느리나, 그것이 도리어 착실하다는 뜻.

*늙은이 뱃가죽 같다
-물건이 쭈글쭈글한 것을 두고 이르는 말.

*늙은이도 세 살 먹은 아이의 말을 귀담아들으랬다
-아무리 나이 어린이 아이의 말이라도 들을 만한 것이 있으니, 덮어놓고 듣지 않는 것은 옳지 않다는 뜻.

*능구렁이 다 되었다
-겉으로는 세상 일을 모르는 체하고, 속으로는 제 실속을 차리는 사람을 두고 이르는 말.

*늦게 배운 도둑질에 날 새는 줄 모른다
-늦게 시작한 일에 몹시 흥미를 가지고 골몰하는 사람을 두고 이르는 말.

*다 된 죽에 코 풀기
-다 이루어져 가던 일을 갑자기 망쳐 실패로 돌아갔을 때 쓰는 말.

*다 먹은 죽에 코 빠졌다고 한다
-음식을 맛있게 다 먹었는데 나중에 알고 보니 코가 빠졌다고 하여, 마음에 꺼림하다는 뜻.

*다람쥐 쳇바퀴 돌듯
-끝이 없이 계속하여 뱅뱅 돈다는 뜻. 개미 쳇바퀴 돌듯.

*단단한 땅에 물이 괸다
-땅바닥이 단단해야 물이 새어 나가지 않고 괸다는 말로서, 알뜰해야 재산이 모인다는 뜻.

*단맛 쓴맛 다 보았다
-세상의 즐거움과 괴로움을 다 겪었다는 말.

*단솥에 물 붓기
-단솥에는 물을 아무리 부어도 곧 없어진다는 말로서, 형편이 기운 사람은 아무리 도와 주어도 소용없다는 뜻.

*달 보고 짖는 개
- 못생긴 사람이 잘난 사람의 행동을 도리어 의심하고 흉보며 떠들어댈 때 쓰는 말.

*달걀 노른자
- 노른자는 달걀의 가장 중요한 부분이므로 어떤 일에서 중요한 비중을 차지하는 것을 두고 이르는 말.

*달도 차면 기운다
모든 것이 한번 번성하고 가득 차면 쇠퇴한다는 말.

*달면 삼키고 쓰면 뱉는다
- 자기에게 이로울 때는 이용하고, 필요하지 않을 때는 배척한다는 뜻.

*달밤에 삿갓 쓰고 나온다
- 미운 사람이 더 미운 짓만 한다는 뜻.

*닭 갈비
- 닭의 갈비는 먹을 것은 없지만 그래도 버리기는 아깝다는 뜻으로, 소용은 없으나 버리기는 아까운 물건을 비유하는 말. 계륵(鷄肋)

*닭 잡아먹고 오리 발 내어 놓는다
-닭을 잡아먹고도 닭은 안 잡아먹은 체하고 오리 발을 내어놓는다는 말이니, 즉 나쁜 일을 해 놓고도 그 일이 드러나지 않게 어떤 수단을 써서 남을 속일 때 쓰는 말.

*닭 쫓던 개 지붕 쳐다보기
-개가 닭을 쫓다가 닭이 날아 지붕 위로 올라가니 할 수 없이 지붕 위만 쳐다본다는 뜻으로, 하던 일을 실패하여 어쩔 수 없이 된 경우에 쓰는 말.

*닭똥 같은 눈물
-몹시 슬퍼 굵게 뚝뚝 떨어지는 눈물.

*닭의 새끼 봉이 되랴
-타고난 성품은 어떻게 해도 고칠 수 없다는 뜻.

*당장 먹기엔 곶감이 달다
-당장 좋은 것은 그 때뿐이지 참으로 좋고 이로운 것이 못된다는 뜻.

*대장장이 집에 식칼이 없다
-그 집에 마땅히 있음직한 것이 없을 때 쓰는 말.

*대추 씨 같다
-키가 작고 성격이 야무지고 단단하며 일에 빈틈이 없는 사람을 가리키는 말.

*대추나무에 연 걸리듯
-여러 곳에 빚이 많이 널려 있는 것을 비유하는 말.

*댓구멍으로 하늘을 본다
-견문(見聞)이 부족한 사람을 두고 이르는 말.

*더도 덜도 말고 늘 한가윗날만 같아라
-항상 한가윗날처럼 잘 먹고 잘 입고 잘 놀고 살았으면 하는 말.

*도깨비 장난 같다
-하는 일이 분명하지 않고 갈피를 잡을 수 없다는 뜻.

*도끼 자루 썩는 줄 모른다
-시간이 가는 줄 모른다는 뜻.

*도둑놈은 한 죄, 잃은 놈은 열 죄
-도둑놈은 물건을 훔친 죄밖에 없으나, 잃은 사람은 문단속을 잘못한 죄, 주변의 여러 사람을 의심하는 죄 등을

짓게 된다는 뜻.

*도둑에게 열쇠 준다
-믿을 수 없는 사람을 신용한다는 뜻.

*도둑을 맞으려면 개도 안 짖는다.
-운이 나쁠 때는 점점 일이 안되게만 된다는 뜻.

*도둑을 앞으로 잡지 뒤로 잡나
-도둑을 잡으려면 확실한 증거가 있어야 한다는 뜻이니, 충분한 증거도 없이 공연히 사람을 의심하지 말라는 말.

*도둑이 제 발 저린다
-죄를 지은 사람은 그것이 드러날까 봐 자기 속 마음으로 염려가 되어 너무 걱정하다가, 도리어 자기도 모르는 사이에 그 사실을 폭로하게 된다는 뜻.

*도둑질도 손이 맞아야 한다
-무슨 일이든지 도와 주는 사람이 있으면 그 일을 이루기 쉽다는 뜻.

*도랑 치고 가재 잡는다
-도랑을 치고 가재를 잡으면 가재가 있을 리가 있나? 일

의 순서가 바뀌었을 때 쓰는 말. 또, 한 가지 일로 두 가지 이익을 볼 때 쓰는 말.

*도마에 오른 고기
- 운명이 마지막 판에 이르렀다는 뜻.

*독 안에 든 쥐
- 쥐가 독 안에 들었으니, 어디로 피하겠는가? 피할 수 없는 위험한 지경에 빠졌다는 뜻.

*독불장군(獨不將軍)
- 무슨 일이고 혼자서는 하기 어렵다는 뜻.

*돈만 있으면 귀신도 부릴 수 있다
- 돈만 있으면 세상에 못 할 일이 없다는 뜻.

*돌다리도 두들겨 보고 건너라
- 아무리 잘 아는 일이라도 세심하게 주의하라는 뜻.

*돌대가리
- 머리가 둔하고 용렬한 사람을 두고 이르는 말.

*돌도 십 년을 보고 있으면 구멍이 뚫린다
- 무슨 일이나 꾸준히 노력하면 안 되는 일이 없다는 뜻.

*돌부처도 꿈쩍인다
-아무리 순한 사람도 화낼 때가 있다. 지렁이도 밟히면 꿈틀한다.

*돌을 차면 제 발부리만 아프다
-화가 난다고 쓸데없이 아무 관계도 없는 데다 화풀이를 하면 도리어 제게 손해만 돌아온다는 뜻.

*동냥은 못할망정 쪽박이나 깨지 마소
-도와 주지는 못하더라도, 방해나 부리지 말라는 뜻.

*동문서답(東問西答)
-어떤 질문에 그와 전혀 반대되는 모순된 대답을 할 때 쓰는 말.

*되는 집에는 가지나무에 수박이 열린다
-운수가 좋아 잘 되어 나가는 집에는, 저절로 좋은 일이 생긴다는 말.

*되로 주고 말로 받는다
-적게 주고 많이 받는다는 뜻.

*될성부른 나무는 떡잎부터 알아본다
-장래가 유망한 나무나 풀은 처음 싹이 날 때부터 알 수 있다는 말로서, 즉 결과가 좋을 것은 처음부터 그 기미가 보인다는 뜻.

*두 손도 마주 쳐야 소리난다
-무엇이고 상대편이 없이 혼자서는 하기 어렵다는 뜻.

*두 손에 떡
-양쪽 손에 떡을 쥐었으니, 어느 쪽의 떡을 먼저 먹어야 좋을지 모르겠다는 뜻으로, 두 가지 일을 하려고 하는데 어느 것을 먼저 해야 할지 쉽게 결정하지 못할 때 쓰는 말.

*두꺼비 파리 잡아먹듯
-두꺼비가 가만히 앉아서 널름널름 파리를 잡아먹듯, 잠자코 있다가 주는 대로 음식을 잘 받아 먹는 사람을 두고 이르는 말.

*둘러치나 메어치나 일반이지
-수단이나 방법을 어떻게 하든 결과는 마찬가지라는 말.

*뒷간과 사돈 집은 멀어야 한다
-화장실은 가까우면 냄새가 나고 사돈 집은 가까우면 오

고가는 말이 많으므로, 너무 가까우면 좋지 않다는 뜻.

*뒷간에 갈 적 마음 다르고, 올 적 마음 다르다
-제가 긴요할 때는 다급하게 굴다가, 저 할 일을 다 하면 마음이 변하는 사람을 두고 이르는 말.

*뒷간에 앉아서 개 부르듯 한다
-자기가 필요한 때만 찾는다는 뜻.

*드는 줄은 몰라도 나는 줄은 안다
-무엇이든 느는 줄은 잘 몰라도 줄어드는 흔적은 표시가 금방 난다는 뜻.

*드문드문 걸어도 황소 걸음
-앞으로 나아가는 속도는 느리지만, 그것이 도리어 착실하다는 뜻.

*든 거지 난 부자
-집안 살림은 거지같이 보이나, 겉으로는 부자같이 보이는 사람.

*듣기 좋은 이야기도 자꾸 들으면 싫다
-아무리 좋은 일이라도, 여러 번 되풀이하면 싫증이 난다는 뜻.

*들으면 병이요, 안 들으면 약이다
-들어서 근심될 일이라면 차라리 듣지 않는 것이 낫다는 말.

*등에 찬물을 끼얹는 것 같다
-정신이 아찔하고 몹시 긴장됨을 이르는 말.

*등잔 밑이 어둡다
-가까운 데서 생긴 일을 도리어 먼 데서 일어난 일보다 잘 모른다는 뜻.

*딸 없는 사위
-딸이 없어진 사위가 반가울 리가 있겠는가? 인연이 끊어져서 정이 떨어졌다는 뜻. 불 없는 화로

*딸이 다섯이면 문을 열어 놓고 잔다
-딸을 많이 둔 사람은 결혼시킬 때 돈이 많이 들어서 재산이 없으므로, 잘 때 문을 열어 놓고 자도 도둑이 훔쳐 갈 것이 없다는 뜻.

*땅 짚고 헤엄치기
-손으로 땅을 짚고 헤엄치는데 물에 빠질 리가 있겠는가? 모든 일에 안전함을 이르는 말.

*때리는 시어머니보다 말리는 시누이가 더 밉다
 -겉으로는 위해 주는 체하면서 속으로는 헐뜯는 사람이 더 밉다는 뜻.

*때린 놈은 다리 못 뻗고 자도, 맞은 놈은 다리 뻗고 잔다
 -가해자(加害者)는 마음이 불안하지만 피해자(被害者)는 마음이 편하다는 말.

*떡 본 김에 제사 지낸다
 -무슨 일을 하는데 그 일에 꼭 필요한 물건을 얻게 되자, 곧 그것을 이용하여 해치울 때 쓰는 말.

*떡 주무르듯 한다
 -이랬다 저랬다 저 하고 싶은 대로 다룬다는 뜻.

*떡 줄 놈은 생각도 없는데, 김칫국부터 마신다
 -준비도 없이 너무 빠르게 시작할 때나, 되지 않을 일을 혼자서 기대하고 있을 경우에 쓰는 말.

*떡 해 먹을 집안
 -불화하는 집안을 두고 이르는 말.

*떡두꺼비 같다
 -어린아이의 외모가 탐스럽고 튼튼하게 생긴 모양을 이

르는 말.

*떼 놓은 당상
-떼어 놓은 당상이 변할 리도 없고, 다른 데로 갈 리도 없다는 뜻으로, 으레 될 것이니 조금도 염려 없다는 말.

*똥 누고 밑 안 씻은 것 같다
-일의 끝을 완전히 맺지 못하여 마음이 꺼림칙하다는 뜻.

*똥 누러 갈 적 마음 다르고 올 적 마음 다르다
-자기가 급할 때와 덜 급할 때에 따라 마음먹는 태도가 다르다는 뜻.

*똥 먹던 강아지 안 들키고, 겨 먹던 강아지 들킨다
-크게 나쁜 일을 한 사람은 안 들키고, 하찮은 일을 한 사람이 애매하게 남의 허물까지 뒤집어쓰게 되었을 때 쓰는 말.

*똥 찌른 막대기 같다
-창피한 모양이 되었다는 뜻.

*똥구멍으로 호박 씨 깐다
-겉으로는 어수룩해 보여도, 속은 맹랑한 사람을 가리키

는 말.

*똥구멍이 찢어지게 가난하다
-몹시 가난하다는 뜻으로, 시골에서 가난한 사람은 나물만 먹기 때문에, 똥을 눌 때 똥이 잘 나오지 않아, 항문이 찢어지도록 몹시 아픈 경우가 있기 때문에 이렇게 말한다.

*똥은 건드릴수록 구린내만 난다
-악독한 사람을 건드리면 자꾸 불쾌한 일만 생긴다는 뜻.

*똥이 무서워서 피하나 더러워서 피하지
-행동이 나쁜 사람은 서로 상종할 수 없으니, 미리 알아서 삼가 피하라는 뜻.

*뚝배기보다 장 맛이 낫다
-겉 모양보다는 속 내용이 낫다는 뜻.

*뚱딴지 같다
-뜻밖의 일이라는 뜻.

*뛰는 놈이 있으면 나는 놈도 있다
-잘난 사람이 있으면 그보다 더 잘난 사람이 또 있다는 뜻.

속담풀이사전

*뜨거운 국에 맛 모른다
-까닭도 모르고 날뛰는 사람, 혹은 무턱대고 행동하는 사람을 두고 이르는 말.

*뜨물 먹고 주정한다
-술도 취하지 않고서 취한 체하고 공연히 주정한다는 뜻.

*마른 나무 좀 먹듯
-병으로 인해 몸이 점점 여위어 가거나 재산이 자기도 모르는 사이에 줄어드는 것을 두고 이르는 말.

*마른 나무에 물이 날까
-마른 나무에서 물이 날 리가 없다는 말로서, 원인이 없는 데서 결과가 이루어질 수 없다는 뜻.

*마른 하늘에 벼락 맞는다
-뜻하지 않은 큰 재앙을 당한다는 뜻.

*마소 새끼는 시골로, 사람 새끼는 서울로 보내라
-마소는 먹이가 풍부한 시골로 보내고, 사람은 견문이 많은 도회지로 보내야 성공할 수 있다는 말.

*마음에 없는 염불
-아무 정성도 들이지 않고 형식만 꾸민다는 뜻.

*마음은 굴뚝 같다
-속으로 하고 싶은 마음이 간절하다는 뜻.

*마파람에 게 눈 감추듯
-남풍(마파람)이 불면 대개 비가 오므로 남풍이 오면 게가 겁을 내어 눈을 빨리 감추므로, 음식을 어느 결에 먹었는지 모를 만큼 빨리 먹어치우는 것을 두고 이르는 말.

*말 갈 데 소 간다
-안 갈 데를 간다는 뜻. 말 가는 데 소도 간다.

*말 갈 데 소 갈 데 다 다녔다
-여기저기 안 간 데 없이 다 돌아다녔다는 뜻.

*말 많은 집에 장 맛도 쓰다
-집안에 잔말이 많으면 살림이 잘 안 된다는 뜻.

*말 속에 말 들었다
-말 속에 또 다른 뜻의 말이 숨어 있다는 뜻. 언중유골(言中有骨).

*말 안 하면 귀신도 모른다
-무슨 말이든 해야 알 수 있다는 뜻.

*말은 적을수록 좋다
-사람이 말이 많으면 꼭 해야 될 말보다도 필요 없는 말

을 많이 하게 되어 그 결과가 좋지 못하다는 뜻.

*말은 해야 맛이고, 고기는 씹어야 맛이다
-마땅히 할 말은 해야 한다는 뜻.

*말 타면 경마 잡히고 싶다
-처음에는 말이나 탔으면 하고 바라다가, 말을 타고 나서는 또 경마까지 잡히고 싶다는 뜻이니, 사람의 욕심은 한이 없다는 말.

*말 한 마디로 천냥 빚 갚는다
-말을 잘 하고 못 하는 것은 일상 생활에 큰 영향을 끼치는 것이니, 말할 때는 언제나 조심하라는 뜻.

*말하는 남생이
-남의 말을 신용하지 않음을 이르는 말.

*맛없는 국이 뜨겁기만 하다
-사람답지 못한 이가 교만하고 까다롭게만 군다는 뜻.

*맛있는 음식도 늘 먹으면 싫다
-아무리 좋은 일이라도 같은 일을 늘 하면, 나중에는 싫증이 난다는 뜻. 듣기 좋은 이야기도 늘 들으면 싫다.

*맛좋고 값싼 갈치 자반
- 맛도 좋고 값까지 싸니 더 말할 것이 있겠는가? 한 가지 일에 두 가지 이익을 얻을 경우에 쓰는 말.

*망건 쓰고 세수한다
- 일의 순서가 뒤바뀌었다는 뜻.

*망건 쓰자 파장
- 장에 가려고 망건을 쓰고 나서자, 장은 벌써 다 파하였다는 뜻이니, 일이 늦어서 목적을 이루지 못할 때 쓰는 말.

*망신살이 무지개처럼 뻗쳤다
- 여러 사람 앞에서 몹시 창피를 당할 때 쓰는 말.

*매 끝에 정 든다
- 매를 맞든지 꾸지람을 들은 뒤에 도리어 정이 들게 된다는 뜻.

*매 위에 장사 있나
- 매로 때리는 데 굴복하지 않을 사람이 없다는 뜻.

*매도 먼저 맞는 놈이 낫다
- 이왕 겪어야 할 일이면 아무리 어려운 일이라도 먼저 겪

는 것이 낫다는 뜻.

*맺고 끊은 듯하다
- 성질이 정직하고 엄격하다는 뜻.

*먹기 싫은 음식은 개나 주지, 사람 싫은 것은 백년 원수
- 싫은 사람과 같이 지내는 것이 제일 곤란하다는 뜻.

*먹기는 아귀같이 먹고 일은 장승같이 한다
- 먹기는 많이 먹으나 일은 조금도 하지 않는 사람을 가리키는 말.

*먹는 개도 안 때린다
- 음식을 먹는 사람을 때리거나 꾸짖지 말라는 뜻.

*먹을 가까이하면 검어진다
- 좋지 못한 사람과 친하게 같이 다니면 그와 마찬가지로 나쁜 것에 물들게 된다는 뜻. 근묵자흑(近墨者黑)

*먹줄 친 것 같다
- 무엇이 쪽 곧은 것을 가리키는 말.

*먹지도 못하는 제사에 절만 죽도록 한다
- 아무 소득도 없이 수고만 한다는 뜻.

*먼 데 단 냉이보다 가까운 데 쓴 냉이가 낫다
-먼 데 있는 좋은 물건보다도 가까운 데 있는 그것보다 못한 물건이 더 이용하기에 편하다는 뜻.

*먼 사촌보다 가까운 이웃이 낫다
-아무리 가까운 일가라도 멀리 떨어져 살면, 위급한 경우에 도와 줄 수 없으니, 도리어 아무 관계 없는 이웃 사람만도 못하다는 뜻.

*먼저 꼬리친 개, 나중 먹는다
-먼저 일을 서둔 사람이 뒤떨어진다는 뜻.

*멀면 정도 멀어진다
-사람은 친한 사이라도 멀리 떨어져 살면 접촉할 기회가 적어져 정도 저절로 멀어지게 된다는 뜻.

*멍군 장군
-두 사람의 다툼에서 옳고 그름을 가리기 어려운 경우를 이르는 말. 장군 멍군.

*메뚜기도 오뉴월이 한창이다
-①때를 만난 듯이 날뛰는 사람을 빗대어 이르는 말.
-②무엇이나 한창일 때는 짧다는 뜻.

*며느리 사랑은 시아버지, 사위 사랑은 장모
-며느리는 흔히 시아버지에게 귀염을 받고, 사위는 장모에게 귀염을 받는다는 말.

*며느리가 미우면 손자까지 밉다
-한번 밉게 보인 사람은 그에 딸린 사람까지도 모두 미워만 보인다는 말.

*명주 자루에 개 똥
-겉보기에는 훌륭하나 속에 든 것은 형편없다는 말.

*모기 다리에서 피 뺀다
-교묘한 수단으로, 도저히 구할 수 없을 것 같은 데서도 용하게 긁어 낸다는 뜻.

*모기 보고 칼 뺀다
-모기에 노하여 칼을 빼어 든다는 말이니, 조그만 일에 쓸데없이 크게 노하는 사람을 두고 이르는 말.

*모기도 낯짝이 있다
-염치 없고 뻔뻔스럽다는 말. 족제비도 낯짝이 있다.

*모난 돌이 정 맞는다
-모가 난 돌을 쓰려면 정으로 때려 모를 없애서 쓰는 것

이니, 사람도 성질이 둥글지 못하고 모가 난 사람은 남에게 미움을 받는다는 뜻.

*모래 위에 물 쏟는 격
-모래 위에 물을 쏟으면 물이 괼 수가 있겠는가? 소용없는 일을 한다는 뜻. 단솥에 물붓기

*모래 위에 쌓은 성
-수고는 하지만 아무 효과 없는 일을 함을 비유하는 말.

*모래로 방천한다
-모래로 방천(물이 들어오지 못하게 막는 둑)을 하면 금방 무너질 것이 아닌가? 수고만 하고 보람이 없다는 뜻.

*모르는 게 부처
-모르기 때문에 분한 마음도 불쾌한 감정도 일어나지 않는 것이 마치 자비심이 많은 부처님 같다는 말.

*모진 놈 옆에 있다가 벼락 맞는다
-일을 저지른 사람과 같이 있다가, 그 사람에게 내린 화가 자기에게도 미칠 때 쓰는 말.

*목구멍의 때도 못 씻었다
-음식을 자기 양에 차지 못하게 먹었다는 뜻.

*목마른 놈이 우물 판다
-자기가 급하고 아쉬운 사람이 서둘러서 먼저 그 일을 시작한다는 뜻.

*목수 많은 집이 기울어진다
-목수가 많아 저마다 의견을 내세우고 떠들면서 도무지 이루어지는 일은 없고 집은 기울어진다는 말이니, 무슨 일이나 참견하는 사람이 너무 많으면 일이 잘 안 된다는 뜻. 사공이 많으면 배가 산으로 간다.

*못된 송아지 엉덩이에 뿔난다
-사람답지 못한 자가 건방진 행동을 하는 것을 두고 이르는 말. 못된 벌레 장판 방에서 모로 긴다.

*무 밑동 같다
-혼자 외롭게 되어 아무 데도 의지할 곳 없게 된 사람을 두고 이르는 말.

*무는 호랑이 뿔이 없다
-호랑이에게 뿔까지 있다면 얼마나 무섭겠는가? 세상에 무엇이든 완전히 다 갖출 수는 없다는 뜻.

*무른 땅에 말뚝 박기
-①힘 없는 사람이 힘센 사람에게 강압을 당한다는 뜻.

-②하는 일이 지극히 쉬운 것을 비유하는 말.

*무소식이 희소식이라

-객지에 가 있는 사람이 아무 소식도 전해 주지 않는 것은, 어떤 사고나 실패가 없다는 증거이므로 오히려 좋은 소식이라는 뜻.

*무쇠도 갈면 바늘 된다

-단단한 무쇠도 갈면 가늘고 작은 바늘이 될 수 있다는 말로서, 꾸준히 노력하면 어떤 어려운 일도 이룰 수 있다는 뜻. 낙숫물이 댓돌을 뚫는다.

*무장지졸(無將之卒)

-장수 없는 병졸, 즉 단체에 두목이 없을 때 쓰는 말.

*문틈에 손을 끼었다

-이러지도 못하고 저러지도 못하는 어려운 지경에 빠져 있음을 가리키는 말.

*물 밖에 난 고기

-물고기가 물 밖에 나왔으니, 죽게 된 운명이 아닌가? 즉, 죽고 사는 것이 이미 결정되었다는 뜻.

*물 쓰는 듯하다
-돈을 함부로 헤프게 씀을 두고 이르는 말.

*물 위에 기름
-물에 기름을 섞으면 섞이지 않고 기름만 물에 뜨는 것 같이, 서로 잘 융화되지 않는 모양을 비유하는 말.

*물에 물 탄 듯이, 술에 술 탄 듯이
-①아무리 노력해도 본바탕은 변하기 어렵다는 뜻.
-②말이나 행동이 변화가 없이 싱겁다는 말.

*물에 빠지면 지푸라기라도 잡는다
-사람이 위급한 일을 당하면 보잘것 없는 이에게도 의지하려 한다는 말.

*물에 빠져도 정신은 차려야 한다
-아무리 어려운 지경에 이르렀더라도 정신을 잃어서는 안 된다는 뜻.

*물에 빠진 놈 건져 놓으니까 봇짐 내놓아라 한다
-남에게 신세를 지고도 그것을 갚기는커녕, 도리어 그 은인을 책망한다는 뜻.

*물에 빠진 생쥐 같다
- 사람이나 물건이 물에 흠뻑 젖은 상태를 이르는 말.

*물은 건너 보아야 알고, 사람은 지내 보아야 안다
- 사람의 마음은 실제로 겪어 보아야 안다는 뜻.

*물은 트는 대로 흐른다
- 사람은 가르치는 대로, 일은 주선하는 대로 된다는 뜻.

*물이 가야 배가 오지
- 남에게 베푼 것이 있어야 갚음이 있다는 뜻.

*물이 깊어야 고기가 모인다
- 자기 덕이 커야 남이 많이 따른다는 뜻.

*물이 깊을수록 소리가 없다
- 깊은 물은 소리 없이 흐르는 것처럼, 덕이 높고 생각이 깊은 사람은 장황하게 떠벌리거나 잘난 체하지 않는다는 뜻. 벼는 익을수록 고개를 숙인다.

*물이 너무 맑으면 고기가 모이지 않는다
- 사람도 너무 지나치게 영리하거나 아는 체를 많이 하면

친구가 없다는 뜻.

*미꾸리 국 먹고 용트림한다
-실력도 없는 인물이 겉으로 큰 인물인 체하고 아니꼽게 군다는 뜻.

*미꾸라지가 용 됐다
-보잘것없는 인물이 훌륭하게 되었다는 뜻.

*미련하기는 곰일세
-몹시 미련한 사람을 두고 이르는 말.

*미운 놈 떡 하나 더 준다
-미운 사람일수록 더 잘 대우하여 호감을 갖도록 해야 한다는 뜻.

*미운 털이 박혔나
-몹시 미워서 못 살게 구는 것을 이르는 말.

*믿는 도끼에 발등 찍힌다
-아무 염려 없다고 믿고 있던 일에 실패한다는 뜻.

*밑도 끝도 없다
-시작도 끝맺음도 없다 함이니, 까닭 모를 말을 불쑥 꺼

낸다는 뜻.

*밑 빠진 독에 물 붓기
-아무리 힘을 들여 애써서 해도 한이 없고, 보람이 나타나지 않는 경우에 쓰는 말. 시루에 물 퍼 붓기, 한강에 돌 던지기.

*밑이 구리다
-숨기고 있는 범죄 때문에 떳떳하지 못한 상태를 이르는 말.

*바가지 긁는다

-옛날에 콜레라가 돌 때 귀신을 쫓아낸다고 하여 바가지를 긁어 소리를 내었는데, 그 소리가 몹시 시끄러웠으므로, 잔소리가 심한 것을 비유하여 쓰는 말.

*바늘 간 데 실 간다

-바늘과 실은 서로 따라다니는 것처럼, 관계가 있는 사람끼리 서로 따르게 된다는 뜻.

*바늘 구멍에 황소 바람 들어온다

-추울 때 바늘 구멍만한 문 구멍으로 새어 들어오는 바람도 몹시 차다는 뜻.

*바늘 구멍으로 하늘 보기

-바늘 구멍으로 하늘을 보면 얼마나 보일까? 보고 들은 것이 좁은 사람을 두고 이르는 뜻.

*바늘 도둑이 황소 도둑 된다

-나쁜 일일수록 점점 늘어서 나중에는 큰 일까지 저지르게 된다는 뜻.

*바늘 방석에 앉은 것 같다
-바늘로 만든 방석에 앉은 것처럼, 그 자리에 그대로 앉아 있기가 몹시 불편하다는 뜻.

*바다는 메워도 사람의 욕심은 못 메운다
-사람의 욕심은 한이 없다는 뜻.

*바보는 약으로 못 고친다
-어리석고 못난 사람의 행동이나 본성(本性)은 사람의 힘으로 고칠 수 없다는 말.

*바위를 차면 제 발부리만 아프다
-일시적 흥분을 참지 못하고 일을 저지르면 자기만 손해라는 뜻.

*박달나무도 좀먹을 때가 있다
-아무리 단단하고 야무진 사람도 어쩌다가 실패할 때가 있다는 말. 원숭이도 나무에서 떨어질 때가 있다.

*발 벗고 나선다
-남의 일을 위하여 적극적으로 나선다는 뜻.

*발 뻗고 자다
-걱정이 없어져서 안심하고 기를 펴게 되었다는 뜻.

*발 없는 말이 천 리 간다
-말은 퍼지기 쉬우니 말을 조심하라는 뜻.

*발가락의 티눈만큼도 안 여긴다
-업신여김이 매우 심하다는 뜻.

*발등에 불이 떨어졌다
-갑자기 어떻게 피할 수 없는 재앙이 닥쳐 왔다는 뜻.

*발보다 발바닥이 더 크다
-모든 일이 이치에 어긋났다는 뜻.

*발탄 강아지 같다
-처음 걷기 사작한 강아지 같다는 말이니, 몹시 분주한 사람을 가리키는 말.

*밤 말은 쥐가 듣고, 낮 말은 새가 듣는다
-말은 한번 하기만 하면 새어나가 퍼지는 것이니 말조심하라는 뜻. 발 없는 말이 천리 간다.

*밤새도록 울다가 누구 초상이냐고
-무슨 영문인지 모르고 그 일에 참여하고 있는 어리석은

속담풀이사전

사람을 두고 이르는 말.

*밥 먹을 때는 개도 안 때린다
-아무리 큰 잘못이 있어도 음식을 먹을 때는 때리거나 꾸짖지 말라는 뜻.

*밥 빌어다가 죽 쑤어 먹을 놈
-성질이 느리고 게으르며, 하는 짓이 어리석은 사람을 두고 이르는 말.

*밥 위에 떡
-그만해도 흡족한데 더 주어서 그 이상 바랄 것이 없음을 이르는 말. 금상첨화(錦上添花)

*밥은 열 군데에서 먹어도 잠은 한 군데에서 자랬다
-사람은 거처가 일정해야 된다는 뜻.

*방귀 뀌고 성낸다
-제가 잘못해 놓고 도로 성을 낸다는 뜻.

*방귀가 잦으면 똥이 나온다
-무슨 일이든 그 징조가 자주 보이면 결국은 그 일을 당한다는 뜻. 번개가 잦으면 천둥이 친다.

*배가 앞 남산만하다
-재산이 많고 아쉬울 것이 없어 거만한 사람이나, 또는 아이를 밴 여자의 배를 이르는 말.

*배고픈 호랑이가 원님을 알아보랴
-가난하고 굶주리면 주위를 돌아볼 겨를이 없다는 말.

*배꼽시계
-배가 고픈 것으로 시간을 짐작한다는 뜻.

*배보다 배꼽이 더 크다
-모든 일이 이치에 어그러졌다는 뜻.

*배운 도둑질 같다
-버릇이 되면 그 일을 안 하려야 안 할 수 없게 된다는 뜻.

*배워야 면장을 한다
-남보다 더 나은 자리에 서려면 배워야 한다.

*배지 않은 아이 낳으라고 한다
-아무 준비가 없거나, 가진 것이 없는 물건을 내놓으라고 요구한다는 뜻.

속담풀이사전

*백 번 듣는 것이 한 번 보는 것만 못하다
- 무엇이고 듣기만 하는 것보다는 실제로 보는 것이 더 확실하다는 뜻. 백문이 불여 일견.

*백년하청(百年河淸)
- 되지도 않을 일을 기다린다는 뜻.

*백미에도 뉘가 있다
- 아무리 완전한 것에도 조그만 결점은 있다는 뜻. 옥에도 티가 있다.

*백옥이 진흙에 묻힌다
- 백옥 같은 보물도 진흙 속에 묻힌다는 말로서, 지금은 곤궁하지만 그가 지닌 결백한 절개는 결코 변하지 않는다는 뜻.

*백지장도 맞들면 낫다
- 가벼운 백지장도 맞들면 낫다는 말로서, 아무리 쉬운 일도 혼자 하는 것보다 힘을 합쳐서 하는 것이 낫다는 뜻.

*밴 아이 사내아이 아니면 계집아이
- 앞으로 할 일이 둘 중의 하나라고 할 때 쓰는 말.

*뱁새가 황새를 따라가려면 다리가 찢어진다
-다리 짧은 뱁새가 다리 긴 황새를 따라가려면 다리가 찢어진다는 뜻으로, 자기의 처지나 형편은 생각지 않고 넉넉하고 잘 사는 사람과 같이 행동하려고 하는 사람을 경계하는 말.

*뱃가죽이 땅 두께 같다
-아주 배짱이 좋고 뻔뻔스러운 사람을 두고 이르는 말.

*버선목이라 뒤집어 보이나
-남에게 의심을 받고도 변명할 도리가 없는 경우에 쓰는 말. 버선목 같으면 속을 뒤집어 보이겠지만 이런 일은 어떻게 변명할 도리가 없다는 뜻.

*번개가 잦으면 천둥이 친다
-무슨 일의 징조가 자주 보이면, 결국 그 일을 당하고야 만다는 뜻. 방귀가 잦으면 똥이 나온다.

*번갯불에 콩 볶아 먹기
-성질이 몹시 급하여, 무엇이고 그 당장에 처리해 버리려고 하는 사람을 두고 이르는 말. 번갯불에 담뱃불 붙이기.

*벌집을 쑤시다
-공연히 자기가 저지른 일에 자기가 도리어 해를 입는다

는 뜻.

*범 무서운 줄 모르는 하룻강아지
-철없이 무서운 줄 모르고 함부로 덤벼드는 것을 말한다.

*범 무서워 산에 못 가랴
-마음에 꺼림칙하더라도 해야 할 일은 해야 한다는 뜻.

*범도 죽을 때는 제 집을 찾는다
-누구든지 죽을 때는 자기가 태어난 고향을 그리워한다는 뜻.

*범에게 날개
-무서운 범이 날개까지 가진 것처럼, 원래 위대한 힘이 있는데다가 더 큰 힘을 갖추었음을 이르는 말.

*범의 굴에 들어가야 범을 잡는다
-어떠한 목적을 이루기 위해서는 그만큼 위험을 무릅쓰고 노력을 하지 않으면 안 된다는 뜻.

*법은 멀고 주먹은 가깝다
-당장에 주먹다짐이라도 일어날 것 같은 경우에 쓰는 말.

*벙어리 냉가슴 앓듯
-걱정되는 일이 있어도 그 답답한 사정을 남에게 말도 못하고 저 혼자 속을 태우고 있음을 이르는 말.

*벙어리 속은 그 어미도 모른다
-말하지 않으면 그 내용을 도무지 알 수 없다는 뜻.

*벙어리 재판
-말 못 하는 벙어리들이 재판을 한다는 말로서, 몹시 곤란한 일을 두고 이르는 말.

*벼락치는 하늘도 속이겠다
-대담하게 남을 잘 속이는 사람을 두고 이르는 말.

*벼룩의 간을 내어 먹는다
-인색한 사람을 두고 이르는 말.

*변죽을 울린다
-북의 가장자리를 울린다는 뜻으로, 넌지시 눈치 차리게 하여 남을 깨우쳐 준다는 말.

*병 주고 약 준다
-일이 안 되도록 훼방을 놓고, 도와주는 체한다는 뜻.

*병신 육갑한다
- 겉으로는 병신같이 보이는 자가 가끔 속으로는 엉뚱한 일을 할 경우와 같은 때 쓰는 말.

*병신 자식이 효도한다
- 얼핏 생각하면 부모에게 효도하지 못할 성싶던 병신 자식이 도리어 효도한다는 뜻이니, 대단하게 여기지 않던 것이 도리어 뜻밖에 잘 이용될 때 쓰는 말.

*병풍의 닭
- 병풍에 그려 있는 닭이 무슨 소용이 있겠는가? 아무 실속이 없는 것을 두고 이르는 말.

*보기 좋은 떡이 먹기도 좋다
- 내용이 좋으면 겉모양도 그럴듯하게 보인다는 뜻.

*보쌈에 들었다
- 꾐에 빠져들어 꼼짝 못하게 되었다는 말.

*보채는 아이 밥 한 술 더 준다
- 가만히 있지 않고 직접 나서서 구해야 더 얻는다는 뜻.

*보채는 아이 젖 준다
- 아이도 보채야 젖을 주듯, 무슨 일이고 자기가 나서서

구해야 된다는 뜻.

*복날 개 패듯
-여름 복날에는 개를 많이 잡아먹으므로, 함부로 사람을 때린다는 뜻.

*본 놈이 도둑질한다
-그 내용을 잘 아는 사람이 그 일을 한다는 뜻.

*봄 꽃도 한때
-부귀와 영화도 한때일 뿐 오래 계속되지는 못한다는 뜻.
화무십일홍(花無十日紅).

*부뚜막의 소금도 집어 넣어야 짜다
-솥 가까이 있는 소금이라도 집어넣지 않으면 짜지 않다는 말로서, 아무리 쉬운 일이라도 하지 않으면 소용없다는 뜻. 구슬이 서 말이라도 꿰어야 보배.

*부모가 착해야 효자가 난다
-부모가 착해야 아들도 부모를 따라 착하게 된다는 뜻.
윗물이 맑아야 아랫물도 맑다.

*부잣집 가운데 자식
-부잣집 가운데 아들은 아무 근심 없이 편하므로, 신세

편하게 놀고 먹는 자를 두고 이르는 말.

*부모 속에는 부처가 들어 있고, 자식 속에는 앙칼이 들어 있다
- 부모는 자식을 무한히 사랑하나 자식은 불효만 저지른다는 뜻.

*부부 싸움은 칼로 물 베기
- 부부 사이의 싸움은 쉽게 풀린다는 뜻.

*부엉이 방귀 같다
- 부엉이는 조그만 일에도 잘 놀라, 심지어 제 방귀에도 놀란다는 말이니, 잘 놀라는 사람을 두고 이르는 말.

*부엉이 셈하듯
- 계산이 분명하지 않은 사람을 두고 이르는 말.

*부자는 망해도 삼 년은 먹을 것이 있다
- 부자이던 사람은 망했다 해도 얼마 동안은 그럭저럭 살아 나갈 수 있다는 뜻.

*부잣집 맏며느리
- 후덕하고 복스럽게 생긴 여자를 두고 이르는 말.

*부잣집 외상보다 거지 맞돈이 좋다
-아무리 튼튼한 자리라도 외상보다는 맞돈이 낫다는 뜻.

*부지런한 물방아는 얼 새도 없다
-물방아가 쉬지 않고 돌면 겨울의 추운 날에도 얼지 않듯이, 무슨 일이고 부지런하면 반드시 성공한다는 뜻.

*부지런한 부자는 하늘도 못 막는다
-부지런한 사람은 반드시 부자가 된다는 뜻.

*부처님 가운데 토막
-대단히 온순한 사람을 두고 이르는 말.

*부처님 위하여 불공하나
-부처님에게 불공 들이는 것은 자기의 복을 빌고자 하는 것이라는 말로서, 남을 위하여 하는 일도 결국은 자기의 일을 위하여 하는 것이라는 뜻.

*북어 뜯고 손가락 빤다
-북어를 뜯어 먹고 손가락을 빨아 보았자 무슨 맛이 있을 것인가? 아무 맛도 없다는 뜻.

*북은 칠수록 소리난다
-하면 할수록 형세가 더 강해지는 것을 이르는 말.

속담풀이사전

*불난 집에 부채질한다
-남의 안 되는 일을 더 안 되도록 하여 준다는 말. 불난 집에 키 들고 간다.

*불면 날 듯, 쥐면 꺼질 듯
-몹시 사랑하고 소중히 여기는 것을 두고 이르는 말.

*불알 두 쪽만 대그락대드락한다
-가진 게 아무것도 없다는 뜻.

*불집을 건드리다
-위험한 일을 자기가 스스로 자초한다는 뜻.

*비 맞은 중 같다
-남이 알아듣지 못하게 불평 섞인 말을 중얼거릴 때 쓰는 말. 소나기 맞은 중 같다.

*비 온 뒤에 땅이 굳어진다.
-비가 온 뒤에 땅바닥이 단단해지는 것같이, 어떤 풍파가 있은 후에 일이 더 단단하게 야물어지는 것을 비유하는 말.

*비는 데는 무쇠도 녹는다
-자기의 잘못을 빌고 사과하면, 아무리 성질이 모질고 강

한 사람이라도 용서하게 된다는 뜻. 귀신도 빌면 듣는다.

*비단 옷 입고 밤길 걷기
-비단 옷을 입고 밤에 길을 걸으면 누가 알아 줄 것인가? 애쓰고도 아무 보람이 없을 때 쓰는 말.

*비단결 같다
-성질이 곱고 깨끗하며 부드러운 사람을 두고 이르는 말.

*비둘기는 콩밭에만 마음이 있다
-먹을 것 있는 곳에만 정신을 기울인다는 뜻.

*비짓국 먹고 용트림한다
-값싼 비짓국을 먹고도 가장 잘 먹은 체하면서 큰 트림을 하는 사람을 가리키는 말. 냉수 마시고 이 쑤신다.

*빈 수레가 더 요란하다
-짐을 실은 수레보다도 빈 수레를 끌면 더 소리가 난다는 말로서, 사람도 지식이 없고 교양이 부족한 사람일수록 더 아는 체한다는 뜻.

*빈대 미워 집에 불 놓는다
-자기에게 큰 손해가 되는 것도 돌아보지 않고, 보기 싫은 것을 없애기 위해서 그 일을 한다는 뜻.

*빚 주고 뺨맞는다
- 남에게 잘해 주고도 도리어 욕을 먹을 때 쓰는 말.

*빈털터리
- 있던 재물 다 써 버리고, 아무것도 없이 된 사람을 가리키는 말.

*빛 좋은 개살구
- 개살구는 빛은 좋으나 맛이 떫으므로, 겉모양은 그럴듯하나 실속이 없다는 뜻.

*뿌리 깊은 나무가 가뭄 안 탄다
- 뿌리가 깊이 땅에 박힌 나무는 가물어도 말라 죽지 않는다는 말이니, 근원이 깊으면 여간한 힘에도 흔들리지 않는다는 뜻.

*뿌리 없는 나무에 잎이 필까
- 뿌리가 없는 나무에 잎이 필 수 없다는 말로서, 원인이 없이는 결과가 있을 수 없다는 뜻.

*사공이 많으면 배가 산으로 올라간다
-일에 간섭하는 사람이 많으면, 도리어 뜻밖에 실패하는 수가 있다는 뜻.

*사냥 가는데 총 안 가지고 가는 것 같다
-무슨 일을 하러 갈 때 가장 요긴한 물건을 빠뜨리고 간다는 뜻.

*사돈 남 나무란다
-사돈에게 할 말을 노골적으로 직접 못하고 제삼자에게 말하는 것처럼 말하는 것을 그 쪽에서 못 알아 듣고, 그 말에 맞장구를 치는 것을 가리키는 말.

*사돈집 잔치에 감 놓아라 배 놓아라 한다
-필요 없는 간섭을 한다는 뜻.

*사또 떠난 뒤에 나팔
-기회를 놓쳐 버리고 나서 일을 한다는 뜻. 말 태우고 버선 깁는다.

*사또 덕분에 나팔 분다
-남의 힘을 빌려서 자기 일을 할 때 쓰는 말.

*사돈의 팔촌이라
-조금도 자기와 관계 없는 사이라는 뜻.

*사람 팔자 시간 문제다
-사람의 부귀(富貴)와 빈천(貧賤)은 바뀌기 쉽다는 뜻.

*사람과 쪽박은 있는 대로 쓴다
-살림살이에서 쪽박은 있는 대로 다 쓰이듯, 사람도 마찬가지로 제각기 다 쓸모가 있다는 말.

*사람은 죽으면 이름을 남기고, 호랑이는 죽으면 가죽을 남긴다
-사람은 생전에 좋은 일을 해서 명예로운 이름을 후세에 남겨야 한다는 뜻.

*사람의 마음은 하루에도 열두 번
-사람의 마음은 변하기가 쉽다는 뜻.

*사람의 새끼는 서울로 보내고, 마소의 새끼는 시골로 보내라
-사람은 도회지에서 자라야 여러 가지로 보고 듣는 것이 많아서 잘 될 수 있지만, 마소는 시골로 가야 먹을 것이 많

다는 뜻.

*사위는 백년 손이요, 며느리는 종신 식구라
 -사위나 며느리는 모두 남의 자식이지만 며느리는 제 집 사람이 되어 스스럼없으나, 사위는 정분이 두터우면서도 끝내 손님처럼 어렵다는 말.

*사자 어금니
 -가장 요긴한 물건이라는 뜻

*사자 없는 산에 토끼가 대장 노릇 한다
 -강한 자가 없으니까, 별로 신통하지도 못한 것이 센 체하고 날뛴다는 뜻.

*사촌이 땅을 사면 배가 아프다
 -일가 친척이나 남이 다소 잘 되는 것을 공연히 시기하는 사람을 두고 이르는 말.

*사후 술 석 잔 말고 생전에 한 잔 술이 달다
 -죽은 뒤에 아무리 잘 해도 소용이 없으니 생전에 적은 대접이나마 잘 하라는 뜻.

*사흘 굶어 도둑질 아니 할 놈 없다
 -아무리 착한 사람이라도 몹시 가난하고 궁하게 되면, 마

음이 변해서 옳지 못한 짓까지 하게 된다는 뜻.

*사흘 책을 안 읽으면 머리에 곰팡이가 슨다
-짧은 기간이라도 책은 안 읽으면 머리가 둔해진다는 뜻.

*산 넘어 산이다
-고생되는 일이 갈수록 점점 더 심해진다는 뜻.

*산 닭 주고 죽은 닭 바꾸기도 어렵다
-산 닭을 주고 죽은 닭을 바꾸는 것이 얼마나 쉬운 일이겠는가? 그러나 죽은 닭이 꼭 필요하여 바꾸려면 산 닭을 주고도 죽은 닭과 바꾸기 어렵다는 뜻이니, 세상 물건이 다 필요해도 구하려면 어렵다는 뜻.

*산 사람의 입에 거미줄 치지 않는다
-아무리 가난하더라도 먹을 것이 생겨서 살아갈 수는 있다는 뜻으로, 산 사람이 굶어 죽지는 않는다는 말. 사흘 굶으면 양식 지고 오는 놈 있다.

*산 호랑이 눈썹
-살아 있는 호랑이 눈썹처럼, 얻기 어려운 것을 가리키는 말.

＊산에 가서 범을 피하랴?
-이미 눈앞에 닥친 위험은 도저히 피할 수가 없다는 뜻.

＊산에 가야 호랑이를 잡는다
-발 벗고 적극적으로 나서야 비로소 목적을 이룰 수 있다는 뜻.

＊산은 오를수록 높고, 물은 건널수록 깊다
-갈수록 점점 더 어렵고 곤란해진다는 뜻.

＊산이 깊어야 범이 있다
-자기에게 큰 덕망이 있어야 사람이 따른다는 뜻.

＊산이 높아야 골이 깊다
-사람됨이 대범해야 품은 포부도 크다는 뜻.

＊산전 수전(山戰水戰) 다 겪었다
-모든 세상 경험을 다 겪어 보았다는 뜻.

＊살림에는 눈이 보배
-살림을 할 때는 눈으로 일일이 보살펴야 한다는 뜻으로, 살림하는 데는 눈이 제일 긴요하다는 말.

*살찐 놈 따라 붓는다
-남의 행동을 덮어놓고 따르는 사람을 두고 이르는 말.

*삼경에 만난 액
-한밤중에 뜻밖에 만난 액이라는 말이다. 마른 하늘에 벼락친다.

*삼밭의 쑥대
-쑥이 삼밭에서 자라면 저절로 삼대처럼 꼿꼿해진다는 말이니, 사람도 선량한 친구와 사귀게 되면 저절로 그 감화를 받게 된다는 뜻.

*삼한 갑족(三韓甲族)
-고래(古來)로 문벌 있는 집안을 가리키는 말.

*상전의 빨래에 종의 발 뒤축이 희다
-아무리 신세진 사람을 위해서 하는 일이라도, 해 주고 나면 얼마간의 이득이 있음을 이르는 말.

*새 바지에 똥 싼다
-염치없고 뻔뻔스러운 사람을 두고 이르는 말.

*새 잡아 잔치할 것을 닭 잡아 잔치한다
-힘 안 들이고 쉽게 할 일을 도리어 어렵게 하게 되었다

는 뜻.

*새도 가지를 가려 앉는다
- 친구나 직업은 잘 가려야 한다는 뜻.

*새발의 피
- 지극히 적은 분량을 이르는 말. 조족지혈(鳥足之血)

*새우 미끼로 잉어 낚는다
- 적은 자본으로 큰 이익을 본다는 뜻. 곤지 주고 잉어 낚는다.

*새우 싸움에 고래 등 터진다
- 남의 싸움에 공연히 관계 없는 사람이 해를 입을 경우에 쓰는 말.

*샘이 깊은 물은 가물을 아니 탄다
- 무슨 일이든 근본을 튼튼하게 하면 어떤 난관에도 흔들리지 않는다는 말.

*생파리 같다
- 한 자리에 오래 머물러 있지 못하고, 이곳 저곳으로 옮겨다니는 사람을 두고 이르는 말.

*서당 개 삼 년에 풍월을 읊는다
-아무리 무식한 사람이라도 유식한 사람과 같이 오래 있으면, 다소 그 감화를 받게 된다는 말.

*서울 가는 놈이 눈썹을 빼고 간다
-먼 곳에 여행 떠나는 사람은 적은 짐이라도 거추장스러워서, 될 수 있는 대로 덜어 놓고 간다는 말.

*서울 가서 김 서방 찾기
-잘 알지도 못하고 막연히 찾아 다닌다는 뜻.

*서울 까투리
-몹시 약고 악바리 같은 사람을 두고 이르는 말.

*서울 소식은 시골 가서 들어라
-가까운 데 일을 먼 곳에서 더 잘 알고 있다는 말.

*서툰 도둑이 첫날 밤에 들킨다
-어쩌다 한번 나쁜 일을 처음 한 것을 공교롭게도 그만 들켜 버린다는 뜻.

*서툰 무당이 장구만 나무란다
-자기 기술이 부족한 것은 생각지 않고, 도구만 나쁘다고

탓한다는 뜻.

***선 무당이 사람 잡는다**
-그 일에 익숙하지 못한 사람이 잘 하는 체하여 일을 그르쳐 놓는다는 뜻.

***선생의 똥은 개도 안 먹는다**
-선생님 노릇하기가 무척 어렵고 힘이 든다는 뜻.

***설상가상**(雪上加霜)
-눈 위에 서리까지 덮였다는 말로서, 점점 일이 악화되어 간다는 뜻.

***성급한 놈 술값 먼저 낸다**
-성미가 급한 사람은 손해를 본다는 뜻.

***섶을 지고 불로 들어간다**
-불 잘 붙는 섶을 지고 불 속에 들어간다는 말이니, 스스로 화를 자초한다는 뜻.

***세 살 적 버릇 여든까지 간다**
-어렸을 때 습관은 늙어서도 고치기 어렵다는 뜻.

*소 닭 보듯 한다
 -소와 닭이 서로 쳐다보고만 있다는 뜻으로, 서로 아무 관계 없이 지내는 것을 이르는 말.

*소 잃고 외양간 고친다
 -소를 잃기 전에 외양간을 고쳐야지 소를 잃고 나서 외양간을 고치면 무슨 소용이 있는가? 실패한 뒤에 단속하는 경우에 쓰는 말.

*소 제 새끼 핥아 주듯
 -자식에 대한 사랑이 깊다는 뜻.

*소같이 먹는다
 -엄청나게 많이 먹는다는 말.

*소같이 벌어서 쥐같이 먹어라
 -애써 번 것을 절약하여 쓰라는 말.

*소경 단청(丹靑) 구경하듯
 -소경이 그림을 구경한들 알 수 있겠는가? 내용도 모르고 겉만 본다는 뜻.

*소경 매질하듯
 -소경이 좌우를 분별 못하고 함부로 매질한다는 뜻으로,

옳고 그름을 잘 판단하지 못하고 함부로 행동함을 비유하는 말.

*소경 잠자나 마나
- 일을 하나 마나 마찬가지라는 말.

*소경더러 눈 멀었다면 노여워한다
- 누구나 자기의 단점을 들어 말하면 싫어한다는 뜻.

*소금 먹은 놈이 물 켠다
- 소금을 많이 먹은 자가 물을 많이 마신다는 말. 즉, 은혜를 많이 입은 자가 결국은 그 은혜를 갚게 된다는 뜻.

*소금이 쉴까
- 소금은 쉴 까닭(썩을 까닭)이 없다. 그러므로 절대 그런 일이 있을 수 없다고 할 때 쓰는 말.

*소도 언덕이 있어야 비빈다
- 소가 언덕이 없으면 비빌 수 없는 것과 같이, 사람도 의지할 곳이 없으면 성공할 수 없다는 뜻.

*소라 껍질 까먹어도 한 바구니, 안 까먹어도 한 바구니
- 무슨 일을 했는데 일한 표시가 나지 않을 때 하는 말.

*소한테 물렸다
-물지 않는 소에게 물렸다니, 하찮은 일에 뜻밖의 손해를 입었을 때 쓰는 말.

*소문난 잔치에 먹을 것 없다
-듣는 소문보다 실제에 있어 실속은 없다는 뜻.

*소한 추위는 꾸어서라도 한다
-해마다 소한 때는 반드시 춥다는 말.

*속 각각 말 각각
-속마음과 하는 말이 서로 다르다는 뜻.

*속 빈 강정 같다
-겉만 그럴듯하고 실속이 없는 것을 비유하는 말.

*속히 더운 방이 쉬 식는다
-무엇이든지 쉽게 되는 것은 또한 쉽게 없어진다는 뜻.

*손으로 하늘 찌르기
-될 것 같지 않은 가망 없는 일이라는 뜻.

*솔개를 매로 보았다
-악한 사람을 착한 사람으로 잘못 보았다는 뜻.

*송곳 거꾸로 꽂고 발끝으로 차기
-어리석은 사람이 한 일이 도리어 자신에게 해가 되었을 때 쓰는 말.

*송곳 박을 땅도 없다
-사람이 많이 모여서 설 자리도 없게 된 상태를 말한다.

*송사는 졌어도 재판은 잘 하더라
-자기가 비록 송사에는 졌을망정 재판만은 공정히 하였으니, 조금도 미련이 없다는 말.

*솥 떼어 놓고 삼 년
-이사하려고 솥까지 떼어 놓고 삼 년씩이나 그냥 지난다는 말이니, 준비는 해 놓고도 실행을 못한다는 뜻.

*쇠 가죽을 무릅쓰다
-부끄러움을 돌아보지 않는 사람을 두고 이르는 말.

*쇠 고집 닭 고집
-고집이 센 사람을 두고 이르는 말.

*쇠 귀에 경읽기
-아무리 가르치고 일러 주어도 알아듣지 못함을 가리키는 말. 우이독경(牛耳讀經)

*쇠뿔 잡다가 소 죽인다
-조그만 일을 하다가 큰 일을 낭패 본다는 뜻. 교각살우(矯角殺牛).

*쇠뿔도 단김에 빼라
-쇠뿔도 뜨겁게 달아 있을 때 빼야 쉽게 빠지지, 식으면 안 빠지는 것과 마찬가지로, 무슨 일이고 시작하면 그 즉시 끝을 맺어야 한다는 뜻.

*수박 겉 핥기
-수박의 껍질을 핥으면 무슨 맛이 있겠는가? 그와 마찬가지로 일의 내용도 모르고 그저 건성으로 그 일을 하는 체하며 넘긴다는 뜻.

*수염이 석 자라도 먹어야 양반
-아무리 점잖은 사람도 먹지 않고는 살 수 없다는 뜻.

*술 덤벙 물 덤벙
-저에게 이익이 되는지 손해가 되는지 모르고 함부로 덤

벙대는 사람을 두고 이르는 말.

*술 받아 주고 뺨맞는다
-자기 돈을 써 가며 남을 대접하고 도리어 욕을 본다는 뜻.

*술 익자 체 장수 지나간다
-일이 우연히 기회에 꼭 들어맞음을 비유하는 말.

*숭어가 뛰니까 망둥이도 뛴다
-자기의 처지는 생각하지도 않고 저보다 나은 사람을 덮어놓고 따르려고 한다는 뜻.

*시작이 나쁘면 끝도 나쁘다
-무슨 일이든 처음이 좋지 않으면 결국 끝도 좋지 않은 결과를 가져온다는 말.

*시작이 반
-일은 시작만 하여도 거의 반은 성공한 셈이라는 말.

*시장이 반찬
-배가 고프면 어떤 음식이라도 맛있게 잘 먹는다는 뜻.

*식은 죽 먹기
-아주 쉬운 일을 두고 이르는 말.

*식은 죽도 불어 가며 먹어라
-식은 죽이 뜨거울 리는 없으나 그래도 뜨거울지 몰라 불어 가며 먹으라고 하는 것이니, 무엇이든 틀림없을 듯한 일도 잘 알아보고 조심해서 하라는 뜻. 아는 길도 물어가라, 얕은 내도 깊게 건너라.

*식자우환(識字憂患)
-아는 것이 도리어 화근이 되었다는 뜻.

*신 신고 발바닥 긁기
-신을 신고 발바닥을 긁으면 무슨 소용이 있나? 노력을 하여도 효과가 없다는 뜻. 목화 신고 발등 긁기.

*신선 놀음에 도끼 자루 썩는 줄 모른다
-재미있는 일에 정신이 팔려 시간 가는 줄 모르고 있는 상태를 두고 이르는 말.

*신을 거꾸로 신고 나간다
-반가운 사람을 맞으러 정신없이 허둥지둥 뛰어 나가는 것을 가리키는 말.

*실과(實果) 망신은 모과가 시킨다
-신통찮은 사람은 자기와 같이 있는 다른 이에게 늘 폐가 되는 일만 한다는 뜻. 어물전 망신은 꼴뚜기가 시킨다.

*실뱀 한 마리가 온 바닷물을 흐린다
-한 사람 잘못으로 전체에 명예롭지 못한 영향을 끼친다는 뜻.

*십 년 세도 없고, 열흘 붉은 꽃 없다
-사람의 부귀 영화는 쉴 새 없이 바뀐다는 뜻.

*십 년이면 강산도 변한다
-십 년이란 세월이 흐르면 세상에 변하지 않는 것이 없다는 뜻.

*십년 공부 도로아미타불
-여러 해 동안 애써 한 일이 실패로 돌아갔을 때 쓰는 말.

*십인 십색
-열 사람의 성격이나 사람됨이 제각기 틀리다는 말.

*싸라기밥을 먹었나
-반말을 하는 사람을 두고 이르는 말.

*싸리 밭에 개 팔자
-남부럽지 않은 편안한 좋은 팔자라는 뜻.

*싸움은 말리고, 흥정은 붙이랬다
-좋은 일은 권하고 나쁜 일은 말려야 한다는 뜻.

*싸전에 가서 밥 달라고 한다
-쌀을 사다가 밥을 지어 먹는 것이 순서인데, 그 순서를 밟지 않고 싸전에 가서 밥을 달라는 말로서, 성질이 몹시 급하다는 뜻. 우물에 가 숭늉을 찾는다.

*싼 것이 비지떡
-값이 싼 물건은 품질도 나쁘다는 말.

*쌀광에서 인심 난다
-쌀이 들어 있는 광에서 인심이 난다는 말이니, 자기가 넉넉해야 비로소 남을 도와 줄 수 있다는 뜻.

*쌈지 돈이 주머니 돈
-돈이 쌈지에 들어 있거나 주머니에 들어 있거나 다 내 것이라는 뜻으로, 가족끼리의 재산은 누구의 것이나 다 마찬가지라는 말.

*쏘아 놓은 살이요, 엎지른 물이다
-한번 저지른 일은 다시 고쳐 할 수 없다는 뜻.

*쏜 살 같고, 총알 같다
-몹시 빠른 것을 비유하는 말.

*쑨 죽이 밥 될까
-일이 이미 글렀으니 다른 방법이 없다는 뜻.

*쓰면 뱉고, 달면 삼킨다
-신의(信義)는 돌아보지 않고 제게 이로운 데로만 가담한다는 뜻.

*쓴 배도 맛 들일 탓
-아무리 쓴 배라도 재미만 붙이면 좋아진다는 뜻이니, 무슨 일이고 처음에는 싫던 것도 재미 붙여 계속하면 정이 든다는 말.

*쓴맛 단맛 다 보았다
-세상 살이의 괴로움과 즐거움을 다 겪어 보았다는 뜻.

*씨 도둑은 못한다
-콩 심은 데 콩 나고 팥 심은 데 팥 나듯, 사람은 대개 제

부모를 닮는다는 뜻.

*씨암탉 잡은 듯하다
-온 집안이 한자리에 모여 단란한 것을 두고 이르는 말.

*씻은 팥알 같다
-외양이 말쑥하고 똑똑한 사람을 두고 이르는 말.

아

***아내 나쁜 것은 백 년 원수, 된장 신 것은 일 년 원수**
- 아내를 잘못 맞으면 일평생을 망치게 된다는 뜻.

***아내가 귀하면 처갓집 말뚝 보고도 절한다**
- 아내가 귀하면 처갓집의 것은 무엇이고 다 귀하게 여기게 된다는 뜻으로, 지나친 애처가를 두고 이르는 말.

***아는 게 병**
- ①알기는 알아도 똑바로 잘 알지 못하기 때문에 그 지식이 오히려 걱정거리가 된다는 말. 식자우환(識字憂患).
- ②도리를 알고 있는 것이 도리어 불리하게 되었을 때 쓰는 말.

***아는 길도 물어 가라**
- 아무리 잘 하는 일이라도 주의하여 실패가 없도록 단단히 해야 한다는 뜻.

***아니 구린 변소 있나**
- 원래 가지고 있는 본색은 감추기 어렵다는 말.

*아니 땐 굴뚝에 연기 날까

-아궁이에 불을 때지 않는데 굴뚝에서 연기가 날 리가 있는가? 무슨 일이든지 원인이 없이는 결과가 있을 수 없다는 뜻.

*아니 밴 아이를 자꾸 낳으라 한다

-아직 무르익지도 않은 일을 재촉한다는 뜻.

*아닌 밤중에 홍두깨

-별안간 불쑥 내놓는다는 뜻. 자다가 봉창 두드린다.

*아랫 사랑은 있어도 윗 사랑은 없다

-윗 사람이 아랫 사람은 사랑해도, 아랫 사람이 윗 사람을 사랑하는 일은 드물다는 뜻.

*아무 때 먹어도 김가가 먹을 것이다

-자기가 취한 이익은 언제나 자기에게 돌아온다는 뜻.

*아무리 바빠도 바늘 허리 매어 쓰지 못한다

-바늘 귀에 실을 꿰어 써야지 바쁘다고 바늘 허리에다 실을 매어 쓸 수 없는 것같이, 아무리 급해도 순서와 격식에는 맞춰야 한다는 뜻.

*아버지는 아들이 잘났다고 하면 기뻐하고, 형은 아우가 더 낫다면 노한다
 −부모는 자식이 자기보다 낫다고 하면 기뻐하지만, 형제간은 그렇지 않다는 뜻.

 *아비만한 자식 없다
 −자식이 아무리 훌륭하더라도 아비만은 못 하다는 뜻.

 *아이 말 듣고 배 딴다
 −철없는 어린 아이의 말을 잘 곧이듣는 사람을 두고 이르는 말.

 *아이 싸움이 어른 싸움 된다
 −작은 일이 차차 커진다는 말.

 *아이 앞에서는 찬물도 못 마신다
 −아이들은 어른이 하는 것을 보면 그대로 따라하므로, 남이 하는 대로만 따라 행동하는 사람을 두고 이르는 말.

 *아이는 사랑하는 데로 붙는다
 −사람은 자기에게 잘해 주는 데로 따른다는 말.

 *아주머니 떡도 싸야 사 먹지
 −아무리 친한 사이라도 자기에게 이익 없는 일은 하지 않

는다는 뜻. 아주머니 술도 싸야 사 먹지.

*아침 안개가 중머리 깐다
―여름철 아침에 안개가 낀 날 낮에는 중의 머리를 벗길 정도로 햇볕이 쨍쨍 쬐는 더운 날씨가 된다는 뜻.

*악담은 덕담이라
―남을 헐뜯는 나쁜 말도 듣는 이에게 도리어 경각심을 일으켜 좋은 말을 해 준 결과가 될 때에 하는 말.

*악머구리 끓듯
―시끄럽게 떠들어대는 것을 두고 이르는 말.

*안 되는 일은 넘어져도 코가 깨진다
―일이 안 될 때에는 예측하지 못한 뜻밖의 재화까지 일어난다는 뜻.

*안 벽 치고 바깥 벽 친다
―두 사람 사이에 끼여, 이 사람에게는 저 사람의 결점을 말하고, 저 사람에게는 이 사람의 결점을 말하는 행동을 하는 사람을 두고 이르는 말.

*안방에 가면 시어미 말이 옳고, 부엌에 가면 며느리 말이 옳다
―이편의 말을 들으면 이편 말이 옳고, 저편의 말을 들으

면 저편의 말이 옳다는 뜻.

*안성맞춤이라
 -안성은 옛날부터 유기의 명산지이므로, 주문에 꼭 맞도록 만들었다. 그러므로 물건이 튼튼하고 마음에 꼭 들 때 쓰는 말.

*안팎 곱사등이라
 -안팎 곱사등이는 뒤로 젖힐 수도 없고 앞으로 굽힐 수도 없으니, 일을 이렇게도 못 하고 저렇게도 못 할 경우에 쓰는 말.

*앉아서 주고 서서 받는다
 -남에게 주기는 쉬워도 받기는 어렵다는 뜻.

*앉은뱅이 용쓴다
 -불가능한 일을 억지로 하려고 애씀을 비유하는 말.

*알토란 같다
 -너저분한 것이 없이 모양이 매끈하고 알찬 것.

*앓느니 죽지
 -앓느라고 고생하느니 차라리 죽어 모든 것을 잊어버리는 것이 낫다는 말로서, 이왕 조그만 고난을 당할 바에는

큰 고난을 겪어 버리는 것이 낫다는 뜻.

*앓던 이 빠진 것 같다
-앓던 이가 빠지면 얼마나 시원하겠는가? 고통이 없어져서 상쾌함을 느낄 때 쓰는 말.

*앞길이 구만 리 같다
-장래가 유망하다는 뜻.

*애호박에 말뚝 박기
-심술궂은 짓을 한다는 뜻.

*약기는 참새 굴레도 씌우겠다
-몹시 약고 꾀 많은 사람을 두고 이르는 말.

*약빠른 고양이 앞을 못 본다
-너무 지나치게 약으면 도리어 기회를 놓치기 쉽다는 뜻.

*약방에 감초
-한약에는 감초가 들어가는 약이 많으므로 한약방에는 반드시 감초가 있다. 그러므로 무슨 모임에든지 빠짐없이 늘 참석하는 사람을 두고 이르는 말.

*양반은 물에 빠져도 개헤엄 안 친다
-아무리 위급한 때라도 점잖은 사람은 자기 체면 깎이는 일은 하지 않는다는 뜻.

*양지가 음지 되고, 음지가 양지 된다
-세상 일에 변천이 많음을 일컫는 말.

*얕은 내도 깊게 건너라
-물이 얕은 시내도 깊은 물을 건너듯 조심해 건너라는 말로서, 모든 일을 언제나 조심해서 하라는 뜻.

*어깨 너머 공부
-남이 배우는 옆에서 얻어 배운 글이라는 뜻.

*어느 구름에서 비가 올지
-어느 때 어떠한 일이 생길지 모른다는 뜻.

*어느 장단에 춤추랴
-한 가지 일에 참견하는 사람이 많아 어느 말을 따라야 할지, 어떻게 해야 할지 모르겠다는 말.

*어두운 밤에 눈 깜빡이기
-남이 보지 않는 곳에서 아무리 애써 일을 하여도 아무런

보람이 없다는 뜻. 비단 옷 입고 밤길 걷기.

*어르고 뺨친다
-겉으로는 소중히 여기는 체하면서 속으로는 섭섭하게 대접함을 이르는 말.

*어른도 한 그릇, 아이도 한 그릇
-어른과 아이의 차별이 없이 모든 일을 공정하게 처리할 때 쓰는 말.

*어린 아이 말도 귀담아 들어라
-아무리 어린 아이의 말이라도 들어 흘리지 말고, 귀담아 들으라는 뜻.

*어린 아이 매도 많이 맞으면 아프다
-아무리 어린 아이가 때리는 매도 많이 맞으면 아프다는 말로서, 아무리 작은 손해라도 여러 번 보면 피해가 크다는 뜻. 가랑비에 옷 젖는 줄 모른다.

*어린 아이 팔 꺾는 것 같다
-①아주 잔인스럽고 참혹한 일을 한다는 말.
-②아주 쉬운 일이라는 말.

*어린애 보는 데서는 찬물도 마시기 어렵다
–어린 아이는 어른의 본을 따르므로, 어린 아이 앞에서는 행동을 주의하라는 뜻.

*어물전 망신은 꼴뚜기가 시킨다
–못난 사람은 언제나 제가 속해 있는 단체의 여러 사람에게 불명예스러운 짓만 하고 다니면서 폐를 끼친다는 뜻.

*어미 팔아 동무 산다
–사람이 세상을 살아가기 위해서는 꼭 친구가 있어야 한다는 말.

*어부지리(漁夫之利)
–두 사람이 다투고 있는 사이에 엉뚱한 사람이 이익을 가로챌 경우에 쓰는 말.

*어중이떠중이
–여러 방면에서 질서 없이 모여든 사람들. 오합지졸(烏合之卒)

*억지 춘향이
–사리에 맞지 않아 안 될 일을 억지로 한다는 뜻.

*억지가 사촌보다 낫다
 -일을 하는 데 있어 꿋꿋하게 고집을 세워 나아가는 것이 사촌이 도와 주는 것보다도 낫다는 뜻.

*언 발에 오줌 누기
 -언 발을 녹이려고 오줌을 누면 잠깐 동안은 언 것이 녹을지 모르나 나중에는 그 오줌까지 얼 것이니, 잠깐 급한 것을 피한 것이 결과는 도리어 더 나쁘게 되었을 때 쓰는 말.

*얻은 도끼나 잃은 도끼나 일반
 -이익도 손해도 없다는 뜻.

*얼굴이 꽹과리 같다
 -염치없고 뻔뻔스러운 사람을 두고 이르는 말.

*엄벙덤벙하다가 물에 빠졌다
 -무슨 곡절도 모르고 덤비다가 낭패를 당했다는 말.

*업어 온 중
 -억압에 못 이겨 남이 하라는 대로 따르는 사람을 두고 이르는 말.

*업은 아이 삼 년 찾는다
- 자기 몸에 지닌 물건을 잃어버린 줄 알고 찾으려 헤맬 때 쓰는 말.

*없어서 비단 옷
- 집이 가난하면 보통 때 입을 옷을 따로 마련할 수 없기 때문에, 결혼할 때 입던 옷이나 나들이할 때 입으려고 장만한 옷까지 할 수 없이 입게 된다는 말로서, 일부러 비단 옷을 입으려고 입는 것이 아니라 할 수 없이 입는다는 뜻.

*엉덩이에 뿔이 났다
- 아직 제 일을 제가 처리하지 못할 처지에 있는 자가 옳은 교훈을 받지 않고, 빗나가는 것을 두고 이르는 말.

*엎드려 절 받기
- 상대편은 마음에도 없는데, 이쪽에서 억지로 요구하여 대접을 받는다는 뜻.

*엎어지면 코 닿을 곳
- 거리가 매우 가까운 곳을 가리키는 말.

*엎지른 물
- 엎지른 물은 도로 주워 담을 수 없는 것같이, 후회해도

소용없다는 뜻.

*엎친 데 덮치다
-어려운 일, 또는 불행한 일을 당하고 있는데 또 겹쳐 다른 불행이 닥친다는 말. 설상가상(雪上加霜)

*여름에 하루 놀면 겨울에 열흘 굶는다
-훗일을 위하여 바쁠 때는 잠시라도 게을리 말라는 뜻.

*여반장
-손바닥을 뒤집는 것처럼 일이 몹시 쉽다는 뜻.

*여자의 악담에는 오뉴월에도 서리가 온다
-여자가 원한을 품고 있으면 그 영향이 몹시 크다는 뜻.

*열 길 물 속은 알아도, 한 길 사람 속은 모른다
-사람의 마음은 짐작하여 알기 어렵다는 뜻.

*열 놈이 지켜도 한 놈의 도둑을 못 당한다
-아무리 여러 사람이 지키더라도 도둑 한 사람을 못 당한다는 말로서, 아무리 지켜도 도둑이 훔치려고 마음만 먹으면 당할 수밖에 없다는 뜻.

*열 번 찍어 아니 넘어가는 나무 없다
-아무리 튼튼한 나무라도 여러 번 찍으면 쓰러진다는 말로서, 아무리 마음이 굳센 사람이라도 여러 번 꾀면 그 마음이 움직인다는 뜻.

*열 벙어리가 말을 해도 가만 있거라
-모든 일에 관계하지 말고, 잠자코 있으라는 말.

*열 손가락 깨물어 안 아픈 손가락이 없다
-아무리 자식이 많아도 귀엽지 않은 자식은 없다는 뜻.

*열 일 제치다
-한 가지 특별한 일 때문에 여러 가지 일을 그만둔다는 말.

*열두 가지 재주에 저녁 거리가 없다
-여러 가지로 재능이 있는 사람이 곤궁(困窮)에 빠졌을 때 쓰는 말.

*열흘 길 하루도 아니 가서
-무슨 일이든지 오랫동안 경영할 일을 처음부터 싫어한다는 말.

*염불에는 마음이 없고, 잿밥에만 마음이 있다
-자기가 마땅히 해야 할 일에는 정성을 들이지 않고, 딴 곳에만 마음을 둔다는 뜻.

*염소 물똥 누는 것 보았나
-염소는 언제나 된똥만 누고 물똥은 절대로 누지 않기 때문에, 있을 수 없는 일을 말할 때 쓰는 말.

*염치와는 담 쌓은 놈
-아주 염치없고 뻔뻔스러운 사람을 두고 이르는 말

*엿 먹어라
-남을 은근히 골탕 먹이거나 속여 넘길 때에 하는 말.

*영리한 고양이가 밤눈 못 본다
-똑똑한 사람이라도 때로는 하찮은 문제를 해결하지 못하는 경우가 있음을 이르는 말.

*오뉴월 감기는 개도 안 앓는다
-여름에 감기 앓는 사람은 못난 사람이라고 조롱하는 말.

*오뉴월 똥파리
-멀리 있는 먹을것을 잘 알고 오는 사람을 조롱하는 말.

*오뉴월 볕 하루가 무섭다
- 잠깐 동안에 생긴 차이가 현저하게 다르다는 뜻. 오뉴월 하루 볕도 무섭다.

*오는 말이 고와야 가는 말도 곱다
- 저쪽에서 온순한 말을 해야, 이쪽에서도 역시 온순한 말로 대하게 된다는 말.

*오는 정이 있어야 가는 정도 있다
- 남에게서 무엇을 받으면, 나도 갚는 것이 있어야 한다는 뜻.

*오동나무 보고 춤춘다
- 오동나무로 거문고를 만들기 때문에 이렇게 말한다. 아직 거문고도 만들기 전에 오동나무만 보고도 춤을 춘다는 말로서, 성미가 너무 급하여 미리 서둔다는 뜻.

*오라는 데는 없어도 갈 데는 많다
- 자기를 알아 주거나 청하는 데는 없어도 자기가 가야 할 데나 해야 할 일이 많음을 이르는 말. 바쁘다는 뜻으로 쓰는 말.

*오를 수 없는 나무는 쳐다보지도 말라
- 도저히 이룰 수 없는 일은 아예 손도 대지 말라는 뜻.

*오 리 보고 십 리 간다
-작은 일이라도 유익한 일이면 수고를 아끼지 않는다는 뜻.

*오지랖이 넓다
-자기에게 관계 없는 일에 간섭을 잘 한다는 뜻. 또는 염치없게 행동할 때도 쓴다.

*옥에도 티가 있다
-아무리 훌륭한 사람이라도 한 가지 결점은 있다는 뜻.

*온 바닷물을 다 켜야 맛이냐
욕심이 한이 없는 사람을 두고 이르는 말.

*온몸이 입이라도 말 못한다
-잘못이 이미 드러났으므로, 변명할 여지가 없다는 뜻.

*올빼미 눈같이
-낮에 잘 보지 못하는 올빼미처럼, 자기 앞에 돌아온 것도 못 알아본다는 뜻.

*올챙이 적 생각은 못하고 개구리 된 생각만 한다
-어렵게 지내던 일은 다 잊어버리고, 지금 호강하는 생각

만 하고 교만한 태도를 가진다는 뜻.

*옷은 새 옷이 좋고 사람은 옛 사람이 좋다
-옷은 깨끗한 새 옷이 좋지만 사람은 오래 사귀어 인정이 두터울수록 좋다는 뜻.

*옷이 날개다
-못난 사람도 옷을 잘 입으면 잘나 보인다는 뜻.

*외갓집 들어가듯
-문 밖에서 주인을 찾는 일도 없이 자기 집 들어가듯 꺼림없이 쑥 들어감을 두고 이르는 말.

*외나무 다리에서 만날 날이 있다
-남에게 원수를 맺으면 피하기 어려운 곳에서 반드시 액을 당하게 된다는 말.

*외상이면 소도 잡아먹는다
-맞돈이면 할 수 없지만 외상이면 무엇이든지 한다는 뜻.

*왼 새끼를 꼰다
-몹시 걱정되는 일이 있어 애를 태우는 일.

*용 가는 데 구름 간다
-언제나 같이 다니며 둘이 서로 떨어지지 않을 경우에 쓰는 말. 바늘 가는 데 실도 간다.

*우는 아이 젖 준다
-무슨 일이나 원하는 사람이 구할 수 있다는 뜻.

*우렁이 속 같다
-도무지 그 내용을 헤아려 알기 어려움을 비유하는 말.

*우물 귀신 잡아 넣듯 한다
-우물에 빠져 죽은 귀신은 그 우물에다 자기 대신 다른 사람을 잡아 넣어야 비로소 그 우물에서 빠져 나온다고 한다. 즉, 어려운 일에 자기는 빠져 나오고 남을 대신 밀어 넣는다는 뜻.

*우물 들고 마시겠다
-성미가 몹시 급하다는 뜻.

*우물 안 개구리
-우물 안에서만 살던 개구리는 우물 밖의 세상은 모르는 것처럼, 보고 들은 것이 없어 세상 형편에 어두운 사람을 두고 이르는 말.

*우물 옆에서 말라 죽겠다

-우물 물을 퍼 마시면 될 것인데 우물을 옆에다 두고도 말라 죽는다니, 그만큼 사람이 융통성이 없다는 뜻.

*우물가에 애 보낸 것 같다

-익숙하지 못한 사람에게 일을 시켜 놓고 몹시 불안해 함을 이르는 말.

*우물에 가 숭늉 찾는다

-물을 길어다가 밥을 지은 후에 숭늉이 있은 터인데, 우물에 숭늉이 있을 리가 있는가? 모든 일에 있어 절차도 모르고 급히 서두른다는 뜻. 싸전에 가서 밥 달라고 한다.

*우물을 파도 한 우물 파라

-조금 파다가 물이 안 난다고 자꾸만 이곳 저곳 옮겨 파면 결국 힘만 들지 물은 안 난다는 말로서, 무슨 일이고 시작하면 그 일을 처음부터 끝까지 철저히 하지 않으면 성공하지 못한다는 뜻.

*우선 먹기는 곶감이 달다

-나중에는 어떻든지, 지금 당장 먹는 것이 좋다는 뜻.

*우수 경칩에 대동강이 풀린다

-춥던 겨울 날씨도 우수와 경칩이 지나면 따뜻해지기 시

작한다는 말.

*운명은 대담한 것을 좋아한다
-과감한 용단이 없이는 운명을 개척할 수 없다는 뜻.

*울며 겨자먹기
-눈물까지 흘리며 억지로 겨자를 먹는 것같이, 하기 싫은 일을 마지못해 억지로 한다는 뜻.

*울지 않는 아이 젖 주랴?
-아이도 울지 않으면 미리 젖을 주지 않는다는 말이니, 자기가 요구하지 않는 것을 줄 리가 없다는 뜻.

*웃는 낯에 침 못 뱉는다
-간절히 빌고 애원하는 사람에게는 책망할 수 없다는 뜻.

*웃으며 한 말에 초상난다
-농담으로 한 말이 살인까지 나는 수가 있으니, 말이란 언제나 조심해야 한다는 뜻.

*웃음 속에 칼이 있다
-겉으로는 친절한 체하지만 속으로는 도리어 해치려는 마음을 품고 있다는 말. 소중유검(笑中有劍)

*원님 덕에 나팔 분다
-남의 덕에 호강한다는 뜻.

*원수는 외나무 다리에서 만난다
-원수진 사람을 아무리 대하기 싫어도 외나무 다리에서 만나게 되었으니 어떻게 피하겠는가? 도저히 피할 수 없이 나쁜 운을 당했다는 뜻.

*원숭이 볼기짝 같다
-얼굴이 붉은 사람을 욕하는 말.

*원숭이 흉내 내듯
-남의 흉내를 내어 행동하는 사람을 두고 이르는 말.

*원숭이도 나무에서 떨어진다
-아무리 익숙하고 잘 하는 일도 가다가 실수할 때가 있다는 뜻. 항우도 낙상할 때가 있다.

*웬 불똥이 튀어 박혔나
-어떤 액이 미쳤다는 말.

*윗물이 맑아야 아랫물이 맑다
-위에서 흘러 오는 물이 흐리면 아래의 물은 저절로 흐릴

것이 아닌가? 즉, 위에 있는 사람이 잘못하면 아래에 있는 사람도 따라서 잘못하게 된다는 뜻.

*은행나무 격이라
-두 사람이 서로 뜻이 맞아 마주 대하고 있음을 가리키는 말.

*음식은 갈수록 줄고 말은 갈수록 는다
-음식은 전달하여 갈수록 점점 줄고, 말은 이 사람 저 사람 옮겨 전할수록 보태게 된다는 뜻.

*음지도 양지 된다
-운 나쁘던 사람도 좋은 운을 만날 때가 있다는 뜻.

*의사가 제 병 못 고친다
-자기에 관한 일은 자기가 처리하기 어렵다는 뜻.

*이 아픈 날 콩밥 한다
-운이 나쁜데, 그 위에 또 운 나쁜 일이 생긴다는 뜻.

*이 없으면 잇몸으로 살지
-있던 것이 없어져서 부자유하기는 하나, 그래도 참고 견디면 버티어 나아갈 수 있다고 할 경우에 쓰는 말.

*이도 아니 나서 콩밥을 씹는다
-재주와 힘이 부족한 사람이 제 힘에 겨운 행동을 하려고 한다는 뜻.

*이름 좋은 하눌타리
-겉은 그럴듯하나, 실속은 없다는 뜻.

*이마를 찔러도 피 한 방울 안 나겠다
-몹시 인색한 사람을 두고 이르는 말.

*이불 속에서 활개친다
-아무도 없는 곳에서 저 혼자서 큰소리친다는 뜻.

*이사할 때 강아지 따라 다니듯
-어디든지 늘 붙어 같이 다님을 비유하는 일.

*이웃 사촌
-이웃 사람끼리 서로 돕고 의좋게 지내는 것을 가리키는 말.

*이웃집 개도 부르면 온다
-사람을 초청해도 오지 않는 것을 나무라는 말.

*인왕산 모르는 호랑이가 있나
-인왕산에는 옛날부터 호랑이가 많았는데, 호랑이는 반드시 한 번씩은 이 산을 다녀갔다고 한다. 그러므로 그 방면에 있는 사람이면 누구나 환히 잘 알고 있는 사실이라는 말.

*인천 바다가 사이다라도 컵이 있어야 떠 먹는다
-아무리 먹을 것이 눈 앞에 많이 있더라도 그것을 먹으려면 노력과 준비가 필요하다는 뜻.

*잃은 도끼나 얻은 도끼나 일반
-헌 물건이나 새 물건이나 별로 다름이 없다는 말.

*입 아래 코
-일의 순서가 뒤바뀌었다는 말.

*입술에 침이나 바르지
-거짓말을 잘 하는 사람을 두고 이르는 말. 혓바닥에 침이나 묻혀라.

*입에 맞는 떡
-자기 비위에 꼭 맞는다는 뜻.

*입은 비뚤어져도 말은 바로 해라
-말은 정직하게 해야 한다는 뜻.

*입의 혀 같다
-제 뜻대로 움직여 주어서, 매우 편리하다는 뜻.

*입이 열 개라도 할 말이 없다
-변명할 여지가 없다는 말.

*잉어가 뛰니까 망둥이도 뛴다
-힘이 미치지 못하는 자가 분에 넘치는 남의 행동을 모방함을 두고 이르는 말.

*자는 벌집 건드린다
-잠잠한 벌집을 건드려서 벌 떼들이 달려들어 쏘였다는 말로서, 가만히 있는 것을 그대로 두었던들 아무 탈이 없었을 것을 섣불리 건드려 공연히 큰 일을 일으킨다는 뜻. 자는 범 코침 주기.

*자다가 봉창 두드린다
-얼토당토않은 딴 소리를 한다는 뜻.

*자라 목이 되었다
-점점 줄어드는 것을 비유하는 말.

*자라 보고 놀란 가슴 솥뚜껑 보고 놀란다
-자라 보고 놀라서 자라 비슷한 솥뚜껑을 보고도 놀란다는 말로서, 어떤 일에 한번 놀라고 나서는 그와 비슷한 것만 보아도 겁이 난다는 뜻.

*자식 겉 낳지 속은 못 낳는다
-제가 낳은 자식이지만 마음 속까지는 어떻게 할 수 없다는 뜻.

*자식도 품 안에 있을 때 자식이지
- 자식은 어렸을 때나 부모 뜻대로 다루지 크면 마음대로 할 수 없다는 말.

*자식을 길러 봐야 부모 은공을 안다
- 부모의 입장이 되어 봐야 비로소 부모님의 길러 준 은공을 헤아릴 수 있다는 말.

*작게 먹고 가는 똥 누지
- 일에 욕심내지 말고 힘에 알맞게 하는 것이 편하고 좋다는 뜻.

*작은 고추가 더 맵다
- 작은 사람이 큰 사람보다도 더 재주가 뛰어나고 야무짐을 이르는 말.

*잔 고기 가시 세다
- 보기에는 조그맣게 생겼어도 속은 알차다는 뜻.

*잔디밭에서 바늘 찾기
- 아무리 찾아도 잘 눈에 뜨이지 않을 때 쓰는 말.

*잔칫날 잘 먹으려고 사흘 굶을까
- 훗날 있을 일만 믿고 막연히 기다리겠느냐는 뜻.

*잔칫집에는 같이 가지 못 하겠다
-남의 결점을 잘 말하는 사람은 잔칫집처럼 사람이 많이 모인 곳에 가면, 자기의 잘못을 여러 사람 앞에서 말하기 쉬우므로, 같이 가지 못하겠다는 뜻.

*잘 되면 제 탓, 못 되면 조상 탓
-일이 잘 되었으면 자기가 잘 해서 그렇게 되었다고 하고, 잘못되었으면 조상의 탓이라고 한다는 말로서, 결과가 좋으면 자기가 잘 해서 된 것으로 여기고, 나쁘면 남을 원망한다는 뜻.

*잘 자랄 나무는 떡잎부터 알아본다
-잘 될 사람은 어려서부터 남달리 장래성이 엿보인다는 말.

*잠결에 남의 다리 긁는다
-남의 일을 자기 일로 잘못 알고 수고한다는 뜻.

*잠꾸러기 집은 잠꾸러기만 모인다
-어떤 집단이든지 비슷한 유형의 사람이 모이게 마련이라는 뜻.

*잠을 자야 꿈을 꾸지
-꿈을 꾸려면 잠이 들어야 되지 않겠는가? 즉 어떠한 결

과를 얻으려면 정당한 순서를 밟아야 한다는 뜻.

*잠자코 있는 것이 무식을 면한다
-아무 말도 않고 가만히 있으면 자신의 무식이 드러나지 않는다는 뜻.

*잡은 꿩 놓아 주고 나는 꿩 잡자 한다
-공연히 어리석은 짓을 하여 헛수고를 한다는 뜻.

*장가 가는 놈이 불알 떼어 놓고 간다
-그 일에 가장 중요한 것을 빼 놓았다는 뜻.

*장구를 쳐야 춤을 추지
-거들어 주는 사람이 있어야 일을 할 수 있다는 뜻.

*장님 개천 나무란다
-자기의 잘못은 모르고 남만 탓한다는 뜻.

*장님 문고리 잡았다
-어쩌다가 요행히 일을 이루었다는 뜻.

*장님 손 보듯 한다
-조금도 반가워하는 기색이 없음을 비유하는 말.

*장대로 하늘 재기
-될 가망이 없는 일을 하는 것을 가리키는 말.

*장마다 꼴뚜기 날까
-언제나 자기 마음에 드는 일만 있는 것이 아니라는 뜻.

*장부 일언 중천금
-사내 대장부가 한 말은 천금의 무게가 있다는 말로서, 약속을 이행하지 않을 때 나무라는 말.

*장비는 만나면 싸움
-술 잘 먹는 사람·바둑 잘 두는 사람·노름 잘 하는 사람, 이런 사람들은 만나기만 하면 자기들이 좋아하는 술·바둑·노름을 한다는 말.

*재떨이와 부자는 모일수록 더럽다
-재물이 많으면 많을수록 마음이 더 인색해짐을 가리키는 말.

*재주를 다 배우니 눈이 어둡다
-여러 해 두고 한 일이 아무 소용 없게 되었다는 뜻.

*쟁기질 못하는 놈이 소 탓한다
-할 줄 모르는 자신은 탓하지 않고, 기구만 탓한다는 말.

*저 먹자니 싫고 남 주자니 아깝다
- 자기는 싫지만 남 주기도 아까우니 난처하다는 뜻. 욕심쟁이를 비유하는 말.

*저녁 굶은 시어머니 상(相)
- 원래 시어머니란 며느리한테 좋은 낯으로 대하는 일이 드문데, 더욱이 저녁까지 굶었으니 얼마나 그 얼굴빛이 험상궂을 것인가? 대개 얼굴빛을 찡그리고 화순한 빛이 없는 사람을 두고 이르는 말.

*저승길과 변소 길은 대신 못 간다
- 죽음과 용변은 남이 대신해 줄 수 없다는 말.

*적게 먹으면 약주요, 많이 먹으면 망주다
- 술은 적당히 알맞게 먹어야 한다는 뜻.

*절 모르고 시주하기
- 절도 모르고 시주를 하면 무슨 소용이 있겠는가? 쓸데없는 비용만 들이고 보람은 없다는 뜻.

*절에 가 젓국 찾는다
- 중은 비린 것을 먹지 않으니, 젓국이 있을 리가 있겠는가? 있을 수 없는 데 가서 없는 물건을 구한다는 뜻.

속담풀이사전

*절에 가면 중 노릇 하고 싶다
-줏대가 없이 덮어놓고 남을 따르려는 사람을 두고 이르는 말.

*절에 간 색시라
-절로 도망간 색시라는 말로서, 남이 하라는 대로만 따르는 사람을 두고 하는 말.

*절이 망하려니까 새우젓 장수가 들어온다
-비린 것을 안 먹는 절에 새우젓 장수가 올 리가 있나? 운수가 나빠 망하려면 뜻밖의 일이 우연히 생긴다는 뜻.

*점잖은 개 부뚜막에 먼저 올라간다
-점잖게 보이던 사람이 뜻밖에 행동이 나쁠 때 쓰는 말.

*접시 밥도 담을 탓
-그릇이 아무리 작아도 담는 사람의 수단에 따라, 많이 담을 수도 있고 적게 담을 수도 있다는 뜻.

*정성이 지극하면 돌 위에 풀이 난다
-정성이 극진하면 될 듯싶지 않은 일도 되는 수가 있다는 뜻.

*정직은 일생의 보배
-정직한 일을 하는 사람은 언제나 실패가 없다는 뜻.

*정직한 사람의 자식은 굶어죽지 않는다
-정직한 사람은 어느때든 복을 받는다는 뜻.

*젖 떨어진 강아지 같다
-몹시 보채는 것을 두고 이르는 말.

*제 꾀에 속아 넘어간다
-남을 속이려다가, 도리어 제가 속게 되었을 때 쓰는 말.

*제 논에 물 대기
-제게만 이롭게 하려고 꾀하는 사람을 두고 이르는 말. 아전인수(我田引水).

*제 눈에 안경
-남은 우습게 보는 것도 제 마음에 들면 좋게 여겨진다는 뜻.

*제 버릇 개 줄까
-사람의 나쁜 버릇은 고치기 어렵다는 뜻.

*제 부모 위하려면 남의 부모를 위해야 한다
-자기 부모를 잘 섬기려면 부모가 남의 공대를 받을 수 있도록 자기도 남의 부모를 잘 섬겨 줘야 한다는 뜻.

*제 얼굴에 침 뱉기
-자기가 한 일이 도리어 자신에게 해가 된다는 뜻.

*제 얼굴엔 분바르고, 남의 얼굴엔 똥 바른다
-좋은 일에는 자기의 낯 세우고, 나쁜 일에는 남의 탓으로 말한다는 뜻.

*제 칼도 남의 칼집에 들면 찾기 어렵다
-자기의 물건이라도 한번 남의 손에 들어가면 자기 마음대로 하기 어렵다는 뜻.

*제 흉 열 가진 놈이 남의 흉 한 가지를 본다
-자기 결점이 더 많은 사람이 남의 조그만 잘못을 들어 말한다는 뜻.

*제가 기르던 개에게 발꿈치 물린다
-자기가 은혜를 베풀어 준 사람에게 도리어 해를 입게 되었을 때 쓰는 말.

*제가 눈 똥에 주저앉는다
- 자기가 남을 해하려고 한 일에 도리어 자기가 해를 보게 되었을 때 쓰는 말.

*족제비도 꼬리 보고 잡는다
- 족제비는 꼬리가 가장 긴요하다는 뜻이니, 무엇이고 가장 긴요한 것을 보고 일을 한다는 뜻.

*종로에서 뺨 맞고 한강 가서 눈 흘긴다
- 화풀이를 딴 데다 한다는 뜻.

*좋은 노래도 자주 들으면 싫다
- 아무리 좋은 것이라도 늘 하면 싫증이 난다는 뜻.

*죄는 지은 데로 가고, 덕은 닦은 데로 간다
- 죄 지은 사람이 벌을 받고, 덕을 쌓은 사람이 복을 받는다는 말.

*죄는 지은 데로 가고, 물은 골로 흐른다
- 나쁜 일을 한 사람이 벌을 받는 것은 당연하다는 뜻.

*주마 간산(走馬看山)
- 말을 타고 달리면서 산을 본다는 뜻으로, 겉만 볼 뿐 속

은 모른다는 뜻.

＊주머니 돈이 쌈지 돈이다
- 네 것 내 것 가릴 것 없이 같은 한 식구의 것이라는 뜻.

＊주머니에 들어간 송곳이라
- 주머니 속에 들어 있는 송곳은 가만히 들어 있지 않고, 결국 주머니를 뚫고 나오는 것같이, 쓰일 만한 인재(人材)는 저절로 드러나게 마련이라는 뜻. 낭중지추(囊中之錐)

＊주먹은 가깝고 법은 멀다
- 흥분될 때는 법에 걸리고 안 걸리는 것은 나중 문제고 우선 주먹으로 분풀이를 한다는 뜻.

＊죽 쑤어 개 좋은 일 한다
- 모처럼 애써 한 일이, 결국 남의 좋은 일이 되었을 때 쓰는 말.

＊죽도 밥도 안 되었다
- 이것도 저것도 다 안 되었다는 뜻.

＊죽은 나무에 꽃이 핀다
- 볼 것 없던 집안에 영화가 있을 때 쓰는 말.

*죽은 자식 나이 세기
-죽은 자식의 나이를 세어 본들 무슨 소용이 있겠는가? 아무 효과 없는 일을 한다는 뜻.

*죽이 끓는지 밥이 끓는지 모른다
-무엇이 어떻게 되어 가는지 도무지 모른다는 뜻.

*줄 따르는 거미
-서로 헤어지지 못하는 관계를 맺고 같이 따라 다니는 사람을 두고 이르는 말.

*중구난방(衆口難防)
-뭇사람의 여러 가지 의견을 하나하나 받아 넘기기 어려움을 이르는 말.

*중의 양식이 절의 양식
-가족끼리의 재산은 누구의 것이나 다 마찬가지라는 뜻.
주머니 돈이 쌈지 돈.

*중이 고기 맛을 알면 절에 빈대가 안 남는다
-중이 고기 맛을 보더니 고기 맛에 반하여 절의 빈대까지 다 잡아먹는다는 말이니, 모르던 일에 갑자기 정도가 지나치도록 반한다는 뜻.

*중이 제 머리 못 깎는다
- 자기 일은 자기가 하기 곤란하다고 할 경우에 쓰는 말.

*쥐 소금 나르듯
- 조금씩 줄어 없어짐을 이르는 말. 쥐 소금 먹듯.

*쥐구멍 찾는다
- 무엇에 급히 쫓길 때 숨을 곳을 찾느라고 애쓰는 것을 가리키는 말.

*쥐구멍에도 볕들 날이 있다
- 아무리 구차한 사람이라도 운수가 펴질 때가 있다는 뜻.

*쥐꼬리만하다
- 아주 작고 나쁜 것을 가리키는 말.

*쥐뿔도 모른다
- 아무것도 모르면서 아는 체한다는 말.

*쥐었다 폈다 한다
- 무슨 일을 자기 마음대로 조종한다는 뜻.

*지네 발에 신 신긴다
- 발이 많은 지네 발에 일일이 신을 신기기 어려운 것과

같이, 여러 자식을 모두 돌보기 어려움을 이르는 말.

*지렁이도 밟으면 꿈틀한다
-아무 감각도 없어 보이는 지렁이도 사람에게 밟히면 꿈틀한다는 말로서, 아무리 순한 사람이라도 비위를 거슬려 주면 노한다는 뜻.

*지레짐작 매꾸러기
-무슨 일이고 깊이 생각하지 않고, 어림잡고 짐작대로만 하면 낭패하기 쉽다는 뜻.

*지성이면 감천이다
-사람이 무슨 일을 하든 정성이 지극하면 다 이룰 수 있다는 말.

*지척이 천 리
-가깝게 살고 있으면서 오랫동안 소식을 모르고 지낼 때, 또는 가까운 곳에서 일어난 일을 전혀 모르고 있었을 때 쓰는 뜻.

*진날 개 사귄 것 같다
-비 오는 날 진흙을 묻힌 개가 가까이 오면 옷을 더럽힌다는 말이니, 좋지 못한 사람을 가까이 하면 나쁜 영향을

받게 된다는 뜻. 근묵자흑(近墨者黑)

*진인사 대천명
-사람으로서 할 수 있는 일을 다한 뒤에 하늘의 뜻을 기다린다는 뜻.

*집에서 새는 바가지 들에 가도 샌다
-본래 제 천성이 나쁜 사람은 어디를 가든지 마찬가지라는 뜻.

*짖는 개는 물지 않는다
-겉으로 떠들어대는 사람은 도리어 실속이 없다는 뜻.

*짚신에 국화 그린다
-격에 어울리지 않는 짓을 한다는 뜻.

*짚신을 뒤집어 신는다
-짚신을 골고루 닳아서 해지게 하느라 뒤집어 신을 만큼 인색한 사람을 가리키는 말.

*짝사랑에 외기러기
-상대방은 조금도 사랑하는 마음이 없는데, 한쪽에서만 사랑하는 것.

*차면 넘친다
-너무 정도를 지나면 도리어 불완전하게 된다는 뜻.

*찬물도 위 아래가 있다
-무엇이나 순서가 있으니 그 순서대로 해야 한다는 뜻.

*찬밥 두고 잠 아니 온다
-먹고 싶은 것을 두고는 자려고 해도 잠이 오지 않는다는 말로서, 자기가 좋아하는 일은 좀처럼 잊어버리지 않는다는 뜻.

*참새가 방앗간을 그냥 지나가랴
-자기가 좋아하는 곳은 반드시 들러서 가게 된다는 뜻.

*참새가 죽어도 짹 한다
-참새도 죽을 때는 짹 하는 소리를 낸다는 말로서, 아무리 약한 자라도 너무 괴롭히면 대항(對抗)하게 된다는 뜻.

*참을 인(忍)자가 셋이 면 살인도 피한다
-사람이 흥분된 것을 참을 수만 있다면, 큰 일을 저지를

경우도 피할 수 있다는 말.

*처녀가 애를 낳아도 할 말이 있다
-잘못이나 실수에도 변명의 말이 꼭 있게 마련이라는 말.

*천 길 물 속은 알아도 한 길 사람의 속은 모른다
-사람 마음은 짐작하여 알기 어렵다는 말.

*천둥 벌거숭이라
-이것저것 분별하지 않고 함부로 행동하는 사람을 두고 이르는 말.

*천 리 길도 한 걸음부터
-아무리 큰 일이라도 그 시작은 작은 일에서부터 비롯된다는 뜻.

*첫술에 배부르랴
-단 한 술 밥으로 양이 찰 수 없다는 말로서, 무엇이고 처음 시작하면서 바로 훌륭하게 될 수는 없다는 뜻.

*청기와 장수
-옛날에 청기와 장수는 그 만드는 법을 자기만 알고 있으면서 이익을 독점하고 남에게는 가르쳐 주지 않았으므로,

내숭스럽고 저만 잘 살려고 욕심을 부리는 사람을 가리키는 말.

*초록은 동색
-서로 같은 무리끼리 한 패가 된다는 뜻.

*초상난 데 춤추기
-인정없고 심술궂은 짓만 하는 사람을 두고 이르는 말.

*추풍 낙엽(秋風落葉)
-가을 바람에 나뭇잎이 떨어져 흩어지듯 형세가 몰락된 것을 이르는 말.

*친구 따라 강남 간다
-자기는 하고 싶지 않으나 남에게 끌려서 하게 되는 경우에 쓰는 말.

*칠팔월 수숫잎
-성질이 약하고 꿋꿋한 마음이 없어, 번복하기를 잘 하는 사람을 가리키는 말.

*침소봉대(針小棒大)
-작은 일을 크게 과장하여 말하는 것.

*칼로 물 베기
-칼로 물을 치면 베어질 것인가? 그와 같이 서로 사이가 좋지 못하였다가 바로 사이좋게 지내게 될 때 쓰는 말.

*칼 물고 뜀뛰기
-일의 되고 안 됨을 목숨을 내걸고 최후로 결단할 경우에 쓰는 말.

*커도 한 그릇 작아도 한 그릇
-잘 하나 못 하나 그 소용에 있어서는 같다고 할 경우에 쓰는 말.

*코방귀만 뀐다
-들은 체 만 체하고 말 대꾸도 없다는 뜻.

*콩 볶아 먹다가 가마솥을 깨뜨린다
-조그만 이익을 보려다가, 큰 손해를 본다는 뜻.

*콩 심은 데 콩 나고 팥 심은 데 팥 난다
-콩 씨를 심으면 콩이 나지 팥이 날 리가 있겠는가? 이치

에 당연함을 말함이니 원인이 있으면 반드시 결과가 있다는 뜻.

*콩 팔러 갔다
-죽었다는 뜻.

*콩도 닷 말 팥도 닷 말
-골고루 공평하게 준다는 말. 여기나 저기나 마찬가지라는 말.

*콩으로 메주를 쑨다 해도 곧이듣지 않는다
-메주는 콩으로 만드는 것인데도, 이것도 믿지 않을 정도로 신뢰를 잃었다는 뜻.

*큰 북에서 큰 소리 난다
-도량이 커야 훌륭한 일을 한다는 말.

*키 크고 싱겁지 않은 사람 없다
-사람이 키가 크면 싱겁다는 뜻.

*타는 불에 부채질한다
-화가 나서 펄펄 뛰는 사람의 화를 더 부추긴다는 뜻.

*태산을 넘으면 평지를 본다
-험한 산을 넘으면 평탄한 평야가 있다는 말로서, 고생을 한 후에는 즐거움이 온다는 뜻. 고진감래(苦盡甘來).

*태산이 평지 되다
-세월의 흐름이 덧없고, 세상의 변화가 많음을 비유하는 말.

*털도 안 난 것이 날기부터 하려고 한다
-제 분수에 맞지 않는 일을 하려는 사람을 비유하는 말.

*털도 안 뽑고 먹겠다고 한다
-먹도록 만들어 놓기도 전에 그냥 먹으려고 욕심을 낸다는 말로서, 너무 급히 일을 하려고 덤빈다는 뜻.

*털어서 먼지 안 나는 사람 없다
-사람은 누구나 자신의 결점을 찾아보면 모두 조그만 허

물은 있다는 뜻.

*토끼 둘을 잡으려다 하나도 못 잡는다
-욕심을 부려서 한꺼번에 여러 가지를 하면, 그 중의 하나도 성취하지 못한다는 말. 가는 토끼 잡으려다 잡은 토끼 놓친다.

*토끼가 제 방귀에 놀란다
-제가 지은 죄 때문에 스스로 겁을 먹고 떨고 있는 사람을 두고 하는 말. 도둑이 제 발 저린다.

*토끼를 다 잡으면 사냥개를 잡아먹는다
-필요한 때는 소중히 여기다가도, 필요 없게 되면 천대하고 없애 버림을 비유하는 말. 토사구팽

*티끌 모아 태산이라
-아무리 작은 것이라도, 자꾸 모이면 큰 것이 된다는 뜻.

*파김치가 되었다
- 아주 피곤하여 힘없이 축 늘어진 모양을 말함.

*파리도 여윈 말에 더 붙는다
- 힘센 자에게는 아무도 덤벼들지 않지만, 약한 자에게는 누구나 달려들어 갉아먹는다는 뜻.

*팔백 금(八百金)으로 집을 사고, 천 금(千金)으로 이웃을 산다
- 집보다는 이웃이 더 중요하다는 뜻.

*팔십 노인도 세 살 먹은 아이한테 배울 것이 있다
- 어린 아이의 말이라도 재치 있고 뛰어나서 귀담아들을 만한 말이 있으므로 무시하지 말라는 뜻.

*팔이 안으로 굽지, 밖으로 굽나
- 사람은 누구나 자기와 가까운 사람에게 정이 더 쏠린다는 뜻.

*팥으로 메주를 쑨다 해도 곧이 듣는다
- 메주는 콩으로 쑨다. 그러나 팥으로 메주를 쑨다고 해도

맞다고 믿으니 너무 남을 믿는다는 뜻, 또는 아주 신임하는 사람을 말함.

*평양 감사도 저 싫으면 그만이다
- 아무리 좋은 일이라도 자기가 싫으면 하지 않는다는 뜻.

*평양 황 고집
- 옛날 평양에 살던 황 씨가 고집이 몹시 세었다고 하여, 고집이 센 사람을 두고 빗대는 말.

*평지풍파(平地風波)
- 뜻밖에 갑자기 일어난 분쟁.

*푸줏간에 들어가는 소 걸음
- 몹시 무서워 벌벌 떠는 모양을 두고 이르는 말.

*풀 끝의 이슬
- 인간의 삶이 마치 풀 끝의 이슬처럼 덧없고 허무하다는 뜻. 초로인생(草露人生).

*풀 방구리에 쥐 드나들 듯
- 풀을 담은 그릇에 풀을 먹으려고 쥐가 드나든다는 말로서, 어떤 곳을 자주 드나드는 것을 이르는 말.

*피장파장
-상대편의 행동에 따라 그와 동등한 행동으로 맞서는 일을 가리키는 말.

*핑계 없는 무덤 없다
-무엇이고 결과가 있는 것은 반드시 원인이 있듯이, 무슨 일이든지 핑계거리는 있다는 뜻.

*하나를 보면 열을 안다
-일부를 보면 전체를 알 수 있다는 말.

*하나만 알고 둘은 모른다
-도무지 융통성이 없고 미련한 사람을 두고 이르는 말.

*하늘 보고 주먹질한다
-하늘을 쳐다보고 주먹질을 하면 무슨 소용이 있을까? 아무 소용 없는 일을 한다는 뜻.

*하늘을 보아야 별을 따지
-하늘도 못 보고 어떻게 별을 딸 수 있겠는가? 원인 없이 결과를 얻을 수 없다는 뜻.

*하늘을 쓰고 도리질한다
-하늘을 머리에 쓰고 머리를 흔든다는 말이니, 세력이 당당하다는 뜻.

*하늘의 별따기
-높은 하늘의 별을 딴다니, 얼마나 어려운 일인가? 지극

히 어려운 일에 비교하는 말.

*하늘이 돈짝만하다
-술에 몹시 취하거나 어떤 충격으로 정신이 얼떨떨하여 사물이 제대로 보이지 않음을 비유적으로 이르는 말.

*하늘이 무너져도 솟아날 구멍이 있다
-아무리 큰 재난을 당했더라도, 그것을 벗어날 방책은 있다는 뜻.

*하던 지랄도 멍석 퍼 놓으면 안 한다
-자기가 하던 일도 남이 권하면 도리어 안 한다는 뜻.

*하루 망아지 서울 다녀오듯
-태어난 지 얼마 되지 않는 망아지가 서울을 다녀온들 무엇을 알 것인가? 철없는 것이 아무리 좋은 것을 봐도 소용이 없다는 뜻.

*하룻밤을 자도 만리 장성을 쌓는다
-짧은 동안의 사귐일지라도 그 인연이 매우 소중함을 이르는 말.

*하루 비둘기 재를 못 넘는다
-제 힘과 제주가 부족한 자에게 공연히 자만심을 가지는

것을 경계하기 위해 하는 말. 햇 비둘기 재 넘을까.

*하룻 강아지 범 무서운 줄 모른다
-어리고 약한 놈이 강한 사람을 두려워하지 않고 철없이 군다는 뜻.

*한 가랑이에 두 다리를 넣는다
-너무 급히 서둘러서 정신을 못 차리는 사람을 두고 이르는 말.

*한 날 한 시에 난 손가락도 길고 짧다
-같은 사람이라도 그 성질과 능력이 똑같지는 않다는 뜻.

*한 달이 크면 한 달이 작다
-세상 일이란 한 번 좋으면 한 번은 나쁘다는 말.

*한 몸에 두 지게 질까
-한 몸으로 두 가지 일을 한꺼번에 못 한다는 뜻. 한 말 등에 두 길마 질까? 한 어깨에 두 지게 질까?

*한 번의 실수는 병가 상사(兵家常事)
-한 번의 실수쯤은 누구나 다 있을 수 있는 일이니, 크게 탓할 것이 못 된다는 뜻.

*한 일을 보면 열 일을 안다

-한 가지만 보면 딴 일은 그로써 다 미루어 알 수 있다는 뜻.

*한 잔 술에 눈물 난다

-대단찮은 일에 서운하게 여기게 된다는 뜻.

*한강에 돌던지기

-아무리 해도 헛일을 하는 어리석은 행동을 말한다.

*한번 엎지른 물은 다시 주워 담지 못한다

-한번 해 버린 일은 고쳐 회복할 수 없다는 뜻.

*한술 밥에 배부르랴

-한 숟가락의 밥으로는 배가 부를 수 없다는 말로서, 노력을 조금 들이고 효과를 빨리 바라기는 어렵다는 뜻.

*할아버지 감투를 손자가 쓴 것 같다

-자기 몸에 맞지 않는 큰 것을 작은 사람이 썼다는 뜻.

*함흥 차사

-이 태조가 왕위를 물려 주고 함흥에 가 있을 때, 그의 아들 태종(太宗)이 보낸 사신을 잡아 가두기도 하고 죽이기도

하여, 돌려 보내지 않은 옛일에서 나온 말로, 한번 심부름을 간 뒤에 다시 돌아오지 않는 것을 이름.

*항우(項羽)도 낙상할 때가 있다
-기운이 세고 말을 잘 타는 항우라도 말에서 떨어질 때가 있다는 말로서, 아무리 훌륭한 사람이라도 실패할 때가 있다는 뜻. 원숭이도 나무에서 떨어질 때가 있다.

*허파에 바람 들었다
-실없이 행동하는 사람을 두고 이르는 말.

*헌 신짝 버리듯 한다
-아주 소용없는 것처럼 내버린다는 뜻.

*헌 짚신도 짝이 있다
-아무리 가난하고 어려운 사람도 다 배필은 있다는 뜻.

*혀 아래 도끼 들었다
-말을 잘못하면 재앙을 받게 되는 것이니 말조심을 해야 한다는 뜻.

*형 보니 아우
-형의 잘잘못을 보면 그 아우의 사람됨도 짐작할 수 있다

는 말.

*형만한 아우 없다
-①무슨 일을 처리하는 데 있어서 역시 아우보다는 형이 낫다는 뜻.
-②아우가 형을 생각하는 정보다 형이 아우를 생각하는 정이 크다는 뜻.

*호두 속 같다
-속 내용을 조금도 모르겠다는 뜻.

*호랑이 담배 먹을 적
-아주 오랜 옛날이라는 뜻.

*호랑이도 제 말 하면 온다
-남의 이야기를 하고 있는데, 마침 그 사람이 그 자리에 왔을 때 쓰는 말.

*호랑이도 죽을 때는 제 집을 찾는다
-자기가 성장한 집은 누구나 다 애착을 가진다는 뜻.

*호랑이에게 물려 가도 정신만 차리면 산다
-아무리 위급한 경우를 당하더라도, 정신만 잘 차리면 위

기를 면할 수 있다는 뜻.

*호미로 막을 것을 가래로 막는다
-일이 크게 벌어지기 전에 미리 처리했더라면 될 것을 그냥 내버려 두었다가 큰 힘이 들게 되었다는 뜻.

*호박 씨 까서 한 입에 넣는다
-조금씩 모았다가 한꺼번에 써 버렸을 경우에 쓰는 말.

*호박에 침 주듯
-호박에 침 주는 것은 얼마나 쉬운 일인가? 매우 쉬운 일을 비유하는 말. 누워서 떡먹기.

*호박이 덩굴째로 굴러 떨어졌다
-뜻밖에 횡재가 생겼다는 말.

*호박이 떨어졌다
-뜻밖에 좋은 수가 생겼을 때 쓰는 말.

*혹 떼러 갔다가 혹 붙여 온다
-도움을 받으러 갔다가 도움은커녕 도리어 해를 당했을 때 쓰는 말.

*혼인날 똥 쌌다
-가장 조심하고 잘 보이려고 할 때, 도리어 실수를 하여 남에게 망신을 당할 때 쓰는 말.

*화약을 지고 불로 들어간다
-자기가 스스로 위험한 곳을 찾아 들어간다는 뜻.

*훗장 떡이 클지 작을지
-장래의 일은 쉽게 판단하기가 어렵다는 뜻.

*흘러가는 물 퍼 주기
-주는 사람은 그리 힘들지 않고 쉽게 할 수 있는 일이지만 받는 사람은 대단히 소중하게 여긴다는 뜻. 흘러가는 물도 떠 주면 공이라.

*흰 죽 먹다 사발 깬다
-한 가지 일에 재미를 붙이다가 딴 일에 손해를 보는 경우에 쓰는 말.

*흰 죽의 코
-죽과 코는 모두 희므로 분간하기 어렵다. 이와 같이 좋은 일과 나쁜 일은 구별하기 어려움을 두고 이르는 말.

● 한자를 빠르게 척척 찾아보는

간편 簡便
옥편 玉篇

간편 옥편

音	字	總劃	訓
가	加	5	더할
	可	5	옳을
	佳	8	아름다울
	架	9	시렁
	家	10	집
	假	11	거짓
	街	12	거리
	暇	13	한가할
	歌	14	노래
	價	15	값
각	各	6	각각
	却	7	물리칠
	角	7	뿔
	刻	8	새길
	脚	11	다리
	閣	14	누각
	覺	20	깨달을
간	干	3	방패
	刊	5	책 펴낼
	肝	7	간
	姦	9	간사할
	看	9	볼
	間	12	사이
	幹	13	줄기
	懇	17	정성
	簡	18	간략할
갈	渴	12	목마를
	割	12	가를, 나눌(할)

音	字	總劃	訓
	甘	5	달
	敢	12	감히
감	減	12	덜
	感	13	느낄
	監	14	살필
	鑑	22	거울
	甲	5	갑옷, 비롯할
갑	匣	7	지갑
	胛	9	어깨뼈
	江	6	강
	降	9	항복할
	剛	10	굳셀
강	强	11	강할
	康	11	편안할
	綱	14	벼리
	鋼	16	강철
	講	17	익힐
	介	4	끼일
	改	7	고칠
	皆	9	다
	個	10	낱
개	開	12	열
	慨	14	분개할
	蓋	14	덮을
	槪	15	대개
	客	9	손
갱	更	7	다시(경)
	坑	7	구덩이

音	字	總劃	訓
	去	5	갈
	巨	5	클
	車	7	수레 (차)
거	居	8	살
	拒	8	막을
	距	12	떨어질
	據	16	의거할
	擧	18	들
	巾	3	수건
	件	6	사건
건	建	9	세울
	乾	11	하늘, 마를
	健	11	건강할
걸	乞	3	빌
	傑	12	뛰어날
	儉	15	검소할
검	劍	15	칼
	檢	17	검사할
겁	怯	8	겁낼
게	揭	12	높이 들
	憩	16	쉴
	格	10	격식
격	激	16	과격할
	擊	17	부딪칠
	犬	4	개
견	見	7	볼
	肩	8	어깨
	堅	11	굳을

과 359

音	字	總劃	訓
견	絹	13	명주
	遣	14	보낼
	決	7	정할
결	缺	10	이지러
	結	12	맺을
	潔	15	깨끗할
겸	兼	10	겸할
	謙	17	겸손할
	更	7	고칠(갱)
	京	8	서울
	庚	8	일곱째 천간
	徑	10	지름길
	耕	10	밭갈
	竟	11	다할
	頃	11	잠깐
	卿	12	벼슬
	景	12	경치
경	硬	12	굳을
	傾	13	기울
	敬	13	공경할
	經	13	경서
	境	14	지경
	輕	14	가벼울
	慶	15	경사
	鏡	19	거울
	競	20	다툴
	警	20	경계할
	驚	23	놀랄

音	字	總劃	訓
	戒	7	경계할
	系	7	이을
	季	8	계절
	係	9	걸릴
	契	9	맺을
	癸	9	열째 천간
	界	9	지경
계	計	9	셈할
	桂	10	계수나무
	啓	11	열
	械	11	기계
	階	12	섬돌
	溪	13	시내
	繼	20	이을
	鷄	21	닭
	古	5	옛
	考	6	생각할
	告	7	알릴
	固	8	굳을
	股	8	다리
	姑	8	시어미
고	姑	8	시어미
	孤	8	외로울
	故	9	옛
	枯	9	마를
	苦	9	쓸
	庫	10	창고
	高	10	높을

音	字	總劃	訓
	雇	12	품살
	鼓	13	북
고	稿	15	볏짚
	顧	21	돌아볼
	敲	14	두드릴
	曲	6	굽을
곡	谷	7	골
	哭	10	울
	穀	15	곡식
곤	困	7	곤할
	坤	8	땅
골	骨	10	뼈
	工	3	장인
	公	4	공평할
	孔	4	구멍
	功	5	공
	共	6	함께
공	攻	7	칠
	供	8	이바지할
	空	8	하늘, 빌
	恐	10	두려울
	恭	10	공손할
	貢	10	바칠
	戈	4	창
	瓜	5	오이
과	果	8	과실
	科	9	과목
	誇	13	자랑할

간편 옥편

360 과

音	字	總劃	訓
과	過	13	지날
	寡	14	적을
	課	15	부과할
곽	郭	11	성곽
	廓	14	클, 둘레
관	官	8	벼슬
	冠	9	갓, 관례
	貫	11	꿸
	慣	14	버릇
	管	14	피리
	寬	15	너그러울
	館	17	객사
	關	19	빗장
	觀	25	볼
광	光	6	빛
	狂	7	미칠
	廣	15	넓을
	鑛	23	쇳돌
괘	掛	11	걸
괴	怪	8	기이할
	塊	13	흙덩이
	愧	13	부끄러워할
	壞	19	무너질
교	巧	5	공교할
	交	6	사귈
	郊	9	들, 교외
	校	10	학교
	敎	11	가르칠

音	字	總劃	訓
교	較	13	견줄
	橋	16	다리
	矯	17	바로잡을
	九	2	아홉
	久	3	오랠
	口	3	입
	丘	5	언덕
	句	5	글귀
	求	7	구할
	究	7	연구할
	具	8	갖출
	拘	8	잡을
	狗	8	개
	邱	8	언덕
구	苟	9	구차할
	俱	10	함께
	區	11	지경
	救	11	구원할
	球	11	구슬
	構	14	얽을
	龜	16	거북(귀,균)
	舊	18	옛
	懼	21	두려워할
	驅	21	몸
	鷗	22	갈매기
국	局	7	방, 판
	國	11	나라
	菊	12	국화

音	字	總劃	訓
	君	7	임금
	軍	9	군사
군	郡	10	고을
	群	13	무리
굴	屈	8	굽을
	弓	3	활
궁	宮	10	궁궐
	窮	15	궁할
	券	8	문서
	卷	8	책권
권	拳	10	주먹
	倦	10	게으를
	勸	20	권할
	權	22	권세
궐	厥	12	그, 나라 이름
	闕	18	대궐
	鬼	10	귀신
귀	貴	12	귀할
	龜	16	거북(구,균)
	歸	18	돌아올
	叫	5	부르짖을
규	規	11	법
	閨	14	도장방
	均	7	고를
균	菌	12	곰팡이
	龜	16	틀 (구,귀)
극	克	7	이길
	棘	12	가시나무

간편 옥편

訓 劃 總 字 音	訓 劃 總 字 音	訓 劃 總 字 音
극 極 13 다할, 지극할	紀 9 실마리	남 納 10 바칠
劇 15 심할, 연극	氣 10 기운	낭 娘 10 아가씨
斤 4 도끼, 무게	記 10 기록할	乃 2 이에
近 8 가까울	豈 10 어찌	내 內 4 안
근 根 10 뿌리	起 10 일어날	奈 8 어찌(나)
僅 13 겨우	基 11 터	耐 9 견딜
勤 13 부지런할	寄 11 부칠	냥 兩 8 냥 (량)
謹 18 삼갈	旣 11 이미	녀 女 3 계집
今 4 이제	기 飢 11 주릴	년 年 6 해
金 8 쇠 (김)	幾 12 몇	념 念 8 생각
금 琴 12 거문고	期 12 기약할	녕 寧 14 편안할
禁 13 금할	棄 12 버릴	奴 5 종
禽 13 날짐승	欺 12 속일	노 努 7 힘쓸
錦 16 비단	旗 14 깃발	怒 9 성낼
及 4 미칠	畿 15 경기	농 農 13 농사
急 9 급할	器 16 그릇	濃 16 짙을
급 級 10 등급	機 16 틀	惱 12 괴로워할
給 12 줄	騎 18 말 탈	뇌 腦 13 뇌
肯 8 옳이 여길	긴 緊 14 굵게 얽을	능 能 10 능할
긍 矜 9 자랑할	길 吉 6 길할	니 泥 8 진흙
兢 14 조심할	김 金 8 성 (金)	多 6 많을
己 3 몸	那 7 어찌	다 茶 10 차
企 6 꾀할	나 奈 8 나락(내)	丹 4 붉을
忌 7 꺼릴	諾 16 대답할	旦 5 아침
기 技 7 재주	난 暖 13 따뜻할	단 但 7 다만
其 8 그	難 19 어려울	段 9 층계
奇 8 기이할	남 男 7 사내	單 12 홑
祈 9 빌	南 9 남녘	短 12 짧을

音	字	總劃	訓
	團	14	둥글
	端	14	바를, 끝
단	壇	16	단
	檀	17	박달나무
	斷	18	끊을
달	達	13	통달할
	淡	11	묽을
담	潭	15	깊을
	談	15	말씀
	擔	16	멜
	畓	9	논
답	答	12	대답할
	踏	15	밟을
	唐	10	당나라
	堂	11	집
당	當	13	마땅할
	糖	16	사탕
	黨	20	무리
	大	3	클
	代	5	대신할
	垈	8	터
	待	9	기다릴
대	帶	11	띠
	袋	11	자루
	貸	12	빌릴
	隊	12	무리
	對	14	대답할, 대할
	臺	14	돈대

音	字	總劃	訓
댁	宅	6	댁 (택)
덕	悳	12	큰
	德	15	큰
	刀	2	칼
	到	8	이를
	度	9	법도
	挑	9	돋울
	倒	10	넘어질
	島	10	섬
	徒	10	무리
	桃	10	복숭아나무
	逃	10	달아날
도	途	11	길
	陶	11	질그릇
	渡	12	건널
	盜	12	훔칠
	都	12	도읍
	跳	13	뛸
	道	13	길
	塗	13	바를
	圖	14	그림
	稻	15	벼
	導	16	이끌
	毒	8	독
	督	13	살펴볼
독	獨	16	홀로
	篤	16	도타울
	讀	22	읽을 (두)

音	字	總劃	訓
	豚	11	돼지
돈	敦	12	도타울
	屯	4	모일 (둔, 준)
돌	乭	6	이름
	突	9	갑자기, 부딪칠
	冬	5	겨울
	同	6	한가지
	東	8	동녘
	洞	9	골 (통)
동	凍	10	얼
	桐	10	오동나무
	動	11	움직일
	童	12	아이
	銅	14	구리
	斗	4	말
두	豆	7	콩
	頭	16	머리
	讀	22	구두, 이두(독)
둔	屯	4	모일 (돈, 준)
	鈍	12	무딜
득	得	11	얻을
	登	12	오를
등	等	12	등급
	燈	16	등잔
라	羅	19	새그물
	洛	9	강 이름
락	絡	12	이을
	落	13	떨어질

音	字	總劃	訓
락	樂	15	즐길 (악, 요)
	卵	7	알
	亂	13	어지러울
란	欄		난간
	爛		문드러질
	蘭		난초
	濫	17	넘칠
람	藍	18	쪽
	覽	21	볼
	浪	10	물결
랑	郞	10	사나이
	朗	11	밝을
	廊		복도
래	來	8	올
랭	冷	7	찰
략	掠		노략질할
	略	11	대략, 간략할
	良	7	어질
	兩	8	두 (냥)
	梁		들보
량	凉	11	서늘할
	量	12	헤아릴
	諒	15	믿을
	糧	18	양식
	旅	10	나그네
	慮	15	생각할
려	勵	17	힘쓸
	麗	19	고울, 나라 이름 (리)

音	字	總劃	訓
려	儷	21	짝
	力		힘
력	曆	16	책력
	歷	16	지낼
	連	11	잇닿을
	煉	13	쇠불릴
	憐	15	불쌍히 여길
련	練	15	익힐
	蓮	15	연꽃
	聯	17	잇닿을
	鍊	17	단련할
	戀	23	사모할
	劣	6	못할
	列	6	줄
렬	烈	10	매울
	裂		찢을
렴	廉	13	청렴할
	令		명령
	零	13	떨어질
령	領	14	옷깃
	嶺		재
	靈	24	신령
례	例	8	법식
	禮	18	예도
	老		늙을
로	勞	12	수고로울
	路		길
	爐	20	화로

音	字	總劃	訓
로	露	20	이슬
	鹿	11	사슴
	祿		복
록	綠		초록빛
	錄	16	기록할
론	論		논의할
롱	弄		희롱할
뢰	雷	13	우뢰
	賴	16	힘입을
료	了	2	마칠
	料		헤아릴, 값
룡	龍		용
	淚		눈물
	累	11	여러, 폐끼칠
루	屢	14	창
	漏	14	샐
	樓		다락
	柳		버들
	流		흐를
류	留		머무를
	類	19	무리
륙	六	4	여섯
	陸		뭍
륜	倫		인륜
	輪	15	바퀴
	律		법
률	栗	10	밤나무
	率	11	헤아릴

간편 옥편

音	字	總劃	訓
룽	隆	12	클
릉	陵	11	큰 언덕
리	吏	6	벼슬아치
	利	7	이로울
	李	7	오얏
	里	7	마을
	梨	11	배나무
	理	11	다스릴
	裏	13	속
	履	15	신
	麗	19	꾀꼬리(려)
	離	19	떠날
린	隣	15	이웃
림	林	8	수풀
	臨	18	임할
립	立	5	설
마	馬	10	말
	麻	11	삼
	磨	16	갈
	魔	21	마귀
	莫	11	없을(모)
막	幕	14	막
	漠	14	사막
	晩	11	늦을
	萬	13	일만
만	慢	14	게으를
	滿	14	찰
	漫	14	질펀할

音	字	總劃	訓
만	蠻	25	오랑캐
말	末	5	끝
	亡	3	잃을
	妄	6	허망할
	忙	6	바쁠
망	忘	7	잊을
	罔	8	그물
	望	11	바랄
	茫	10	아득할
	每	7	매양
	妹	8	누이
	埋	10	묻을
매	梅	11	매화나무
	媒	12	중매
	買	12	살
	賣	15	팔
맥	脈	10	맥
	麥	11	보리
	孟	8	맏
맹	盲	8	소경
	猛	11	사나울
	盟	13	맹세할
	免	7	면할
	勉	9	힘쓸
면	面	9	낯
	眠	10	잠잘
	綿	14	이어질, 솜
멸	滅	13	멸망할

音	字	總劃	訓
	名	6	이름
	命	8	목숨
명	明	8	밝을
	冥	10	어두울
	銘	14	새길
	鳴	14	울
	毛	4	털
	母	5	어미
	矛	5	창
	冒	9	무릅쓸
	某	9	아무
모	募	13	모을
	慕	15	그리워할
	莫	11	해저물(막)
	模	15	법, 본뜰
	謀	16	꾀할
	貌	14	얼굴
	木	4	나무
	目	5	눈
목	沐	7	머리감을, 씻을
	牧	8	목장, 칠
	睦	13	화목할
몰	沒	7	빠질
몽	夢	14	꿈
	蒙	14	어릴
	卯	5	넷째 지지
묘	妙	7	묘할
	苗	9	모

音	字	總劃	訓
묘	墓	14	무덤
	廟	15	당
	戊	5	다섯째 천간
	巫	7	무당
	武	8	군사
	茂	9	우거질
무	務	11	힘쓸
	無	12	없을
	舞	14	춤출
	貿	12	바꿀, 무역할
	霧	19	안개
묵	墨	15	먹
	默	16	말없을
	文	4	글월
문	門	8	문
	問	11	물을
	聞	14	들을
물	勿	4	말
	物	8	만물
	未	5	아닐
	米	6	쌀
	尾	7	꼬리
미	味	8	맛
	眉	9	눈썹
	美	9	아름다울
	迷	10	미혹할
	微	13	작을
	彌	17	두루

音	字	總劃	訓
	民	5	백성
민	憫	15	근심할
	敏	11	재빠를
밀	密	11	빽빽할
	蜜	14	꿀
	朴	6	후박나무
	拍	8	칠
	泊	8	배 댈
박	迫	9	핍박할
	博	12	넓을
	搏	13	잡을
	薄	17	엷을
	反	4	돌이킬
	半	5	반
	伴	7	짝
	返	8	돌이킬
반	叛	9	배반할
	班	10	나눌
	般	10	옮길
	飯	13	밥
	盤	15	소반
	拔	8	뺄
발	發	12	필
	髮	15	터럭
	方	4	모
방	妨	7	방해할
	彷	7	거닐
	邦	7	나라

音	字	總劃	訓
	防	7	막을
	房	8	방
	放	8	놓을
방	芳	8	꽃다울
	倣	10	본뜰
	訪	11	찾을
	傍	12	곁
	北	5	저버릴(북)
	杯	8	잔
	拜	9	절
	背	9	등
배	倍	10	곱
	培	11	북돋울
	排	11	물리칠
	輩	15	무리
	配	10	짝, 나눌
	白	5	흰
	百	6	일백
백	伯	7	맏
	栢	10	나무 이름
	番	12	차례
	煩	13	괴로워할
번	繁	17	번성할
	飜	21	뒤칠
벌	伐	6	칠
	罰	14	벌 줄
범	凡	3	무릇, 평범할
	犯	5	범할

범 365

간편 옥편

범

音	字	總劃	訓
범	汎	6	뜰
	範	15	법
법	法	8	법
벽	壁	16	벽
	碧	14	푸를
	便	9	오줌(편)
	辨	16	분별할
변	邊	19	가
	辯	21	말 잘할
	變	23	변할
별	別	7	다를
	丙	5	남녘
	兵	7	군사
병	屛	11	병풍
	病	10	병들
	竝	10	아우를
	步	7	걸음
	保	9	보호할
	報	12	갚을
보	普	12	널리
	補	12	기울
	輔	14	도울
	寶	20	보배
	譜	19	계보
	卜	2	점 복
복	伏	6	엎드릴
	服	8	옷
	復	12	회복할(부)

音	字	總劃	訓
	腹	13	배
복	福	14	복
	複	14	겹옷
본	本	5	근본
	奉	8	받들
	封	9	봉할
	峰	10	봉우리
봉	峯	10	봉우리
	逢	11	만날
	蜂	13	벌
	鳳	14	봉황새
	夫	4	사내
	父	4	아비
	付	5	줄, 부칠
	否	7	아니, 막힐
	扶	7	도울
	府	8	곳집
	負	9	짐질
	赴	9	나아갈
부	浮	10	뜰
	副	11	버금, 둘째
	婦	11	며느리
	符	11	부신
	部	11	떼, 무리
	富	12	넉넉할
	復	12	다시(복)
	腐	14	썩을
	膚	15	살갗

音	字	總劃	訓
	賦	15	줄
부	簿	19	장부
	附	8	붙을
북	北	5	북녘(배)
	分	4	나눌
	奔	8	달릴
	粉	10	가루
분	紛	10	어지러워질
	墳	15	무덤
	憤	15	성낼
	奮	16	떨칠
	不	4	아닐
	弗	5	아닐
불	佛	7	부처
	拂	8	떨
붕	朋	8	벗
	崩	11	무너질
	比	4	견줄
	妃	6	왕비
	批	7	비평할
	卑	8	낮을
	肥	8	살찔
비	非	8	아닐
	飛	9	날
	秘	10	숨길
	婢	11	여자 종
	備	12	갖출
	悲	12	슬플

訓 劃 總 字 音	訓 劃 總 字 音	訓 劃 總 字 音
費 12 소비할	師 10 스승	桑 10 뽕나무
비 碑 13 돌기둥	捨 11 버릴	商 11 장사할
鼻 14 코	斜 11 비낄	常 11 떳떳할
貧 11 가난할	蛇 11 뱀	祥 11 상서로울
빈 賓 14 손	斯 12 이	喪 12 복 입을
頻 16 자주	絲 12 실	象 12 코끼리
빙 氷 5 얼음	사 詐 12 속일	傷 13 상할
聘 13 찾아갈	詞 12 말씀	상 想 13 생각할
士 3 선비	賜 15 줄	詳 13 자세할
巳 3 뱀	寫 15 베낄	像 14 형상
仕 5 벼슬할	謝 17 사례할	嘗 14 맛볼
史 5 역사	辭 19 말씀	裳 14 치마
司 5 맡을	삭 削 9 깎을	賞 15 상 줄
四 5 넉	朔 10 초하루	償 17 갚을
寺 6 절	山 3 뫼	霜 17 서리
死 6 죽을	産 11 낳을	새 塞 13 변방(색)
似 7 같을	산 散 12 흩을	色 6 빛
사 沙 7 모래	算 14 셀	색 索 10 찾을
私 7 사사로울	酸 14 초	塞 13 막을(새)
邪 7 간사할	살 殺 11 죽일(쇄)	생 生 5 날
祀 8 제사	三 3 석	省 9 덜(성)
社 8 모일	삼 參 11 석(참)	西 6 서녘
事 8 일	森 12 나무 빽빽할	序 7 차례
使 8 부릴	上 3 위	徐 10 천천할, 느릴
舍 8 집	床 7 상	서 恕 10 용서할
思 9 생각할	상 尙 8 오히려	書 10 글
査 9 조사할, 사돈	狀 8 모양	庶 11 여러,첩의 아들
射 10 쏠	相 9 서로	敍 11 차례

音	字	劃總	訓
서	暑	13	더울
	署	14	관청
	緒	15	실마리
석	夕	3	저녁
	石	5	돌
	昔	8	예
	析	8	가를
	席	10	자리
	惜	11	아낄
	釋	20	풀
선	仙	5	신선
	先	6	먼저
	宣	9	베풀
	旋	11	돌
	船	11	배
	善	12	착할
	線	15	줄
	選	16	가릴
	禪	17	사양할, 고요할
	鮮	17	고울
설	舌	6	혀
	設	11	베풀, 세울
	雪	11	눈
	說	14	말씀
섭	涉	10	건널
성	成	7	이룰
	姓	8	성씨
	性	8	성품

音	字	劃總	訓
	星	9	별
	省	9	살필 (생)
	城	10	재, 성
성	盛	11	성할
	聖	13	성인
	誠	14	정성
	聲	17	소리
세	世	5	인간
	洗	9	씻을
	細	11	가늘
	貰	12	세낼
	稅	12	세금(탈)
	勢	13	기세
	歲	13	해
소	小	3	작을
	少	4	적을, 젊을
	召	5	부를
	所	8	바
	昭	9	밝을
	消	10	끝, 꺼질, 사라질
	笑	10	웃을
	素	10	흴, 소박할
	掃	11	쓸
	疏	12	트일
	疎	12	멀
	訴	12	하소연할
	蔬	15	푸성귀
	燒	16	사를

音	字	劃總	訓
소	蘇	20	깨어날
	騷	20	떠들
	束	7	묶을
	俗	9	풍속
속	速	11	빠를
	粟	12	조
	續	21	이을
	屬	21	무리(촉)
손	孫	10	손자
	損	13	덜, 손해
	松	8	솔
	送	10	보낼
송	訟	11	송사할
	頌	13	기릴
	誦	14	욀
	刷	8	쓸
쇄	殺	11	덜(살)
	鎖	18	쇠사슬
쇠	衰	10	쇠할
	手	4	손
	水		물
	囚	5	가둘
	守	6	지킬
수	收	6	거둘
	秀	7	빼어날
	受	8	받을
	帥	9	장수
	首	9	머리

音 字 總劃 訓	音 字 總劃 訓	音 字 總劃 訓
狩 9 사냥할	純 10 순수할	詩 13 귀글, 시
修 10 닦을	脣 11 입술	試 13 시험할
殊 10 뛰어날, 다를	순 循 12 좇을	式 6 법
授 11 줄	順 12 순할	食 9 먹을
須 12 모름지기	瞬 17 눈 깜짝일	息 10 숨쉴
愁 13 근심	戌 6 개	식 植 12 심을
睡 13 잘	술 述 9 지을	飾 14 꾸밀
遂 13 이를	術 11 재주	蝕 15 좀먹을
수 壽 14 목숨	숭 崇 11 높일 숭	識 19 알
需 14 구할	拾 9 주을 (십)	申 5 납, 펼
數 15 셀	習 11 익힐	伸 7 펼
誰 15 누구	습 濕 17 축축할	臣 7 신하
樹 16 나무	襲 22 엄습할	身 7 몸
輸 16 나를	升 4 되	辛 7 매울
隨 16 따를	承 8 받들, 이을	신 迅 7 빠를
雖 17 비록	昇 8 오를	信 9 믿을
獸 19 짐승	승 乘 10 탈	神 10 귀신
叔 8 아재비	勝 12 이길	晨 11 새벽
孰 11 누구	僧 14 중	愼 13 삼갈
宿 11 묵을	市 5 저자	新 13 새
숙 淑 11 맑을	矢 5 화살	失 5 잃을
肅 13 엄숙할	示 5 보일	실 室 9 집
熟 15 익을	侍 8 모실	實 14 열매
旬 6 열흘	시 始 8 처음	心 4 마음
巡 7 돌	施 9 베풀	甚 9 심할
순 盾 9 방패	是 9 이, 옳을	심 深 11 깊을
徇 9 돌, 두루	時 10 때	尋 12 찾을
殉 10 따라죽을	視 12 볼	審 15 살필

370 십

音	字	總劃	訓
십	十	2	열
	拾	9	열 (습)
쌍	雙	18	쌍
씨	氏	4	씨
	牙	4	어금니
	我	7	나
	亞	8	버금
아	兒	8	아이
	芽	8	싹
	阿	8	언덕, 아침
	雅	12	아담할
	餓	16	주릴
	岳	8	큰 산
악	惡	12	악할 (오)
	樂	15	풍류 (락,요)
	安	6	편안할
	岸	8	언덕
안	案	10	책상
	眼	11	눈
	雁	12	기러기
	顔	18	얼굴
알	謁	16	아뢸
암	暗	13	어두울
	巖	23	바위
압	壓	17	누를
	央	5	가운데
앙	仰	6	우러를
	殃	9	재앙

音	字	總劃	訓
	哀	9	슬플
애	涯	11	물가, 끝
	愛	13	사랑
액	厄	4	액
	額	18	이마
	也	3	어조사
야	夜	8	밤
	耶	9	어조사
	野	11	들
	約	9	대략
	若	9	같을, 만약
약	弱	10	약할
	藥	19	약
	躍	21	뛸
	羊	6	양
	洋	9	큰 바다
	揚	12	날릴
	陽	12	볕
양	楊	13	버들
	樣	15	모양
	養	15	기를
	壤	20	흙
	讓	24	사양할
	於	8	어조사 (오)
	御	11	어거할
어	魚	11	물고기
	漁	14	고기잡을
	語	14	말씀

音	字	總劃	訓
	億	15	억
억	憶	16	생각할
	抑	7	누를
언	言	7	말씀
	焉	11	어찌
엄	嚴	20	엄할
업	業	13	업
	予	4	나
	如	6	같을
	汝	6	너
여	余	7	나
	與	14	줄, 참여할
	輿	17	수레
	餘	16	남을
	亦	6	또
	役	7	부릴
	易	8	바꿀 (이)
	疫	9	염병
역	逆	10	거스를
	域	11	지경
	譯	20	통변할
	驛	23	역참
	延	7	끌
	沿	8	따를,가장자리
	宴	10	잔치
연	研	11	갈, 벼루
	軟	11	부드러울
	然	12	그럴

우 371

音	字	總劃	訓
	硯	12	벼루
	煙	13	연기
	鉛	13	납
연	演	14	연역할, 연기
	緣	15	인연
	燃	16	사를
	燕	16	제비
열	悅	10	기쁠
	熱	15	더울
	炎	8	불꽃
염	染	9	물들일
	鹽	24	소금
엽	葉	13	잎
	永	5	길
	泳	8	헤엄칠
	迎	8	맞을
	映	9	비칠
영	英	9	꽃부리
	詠	12	읊을
	榮	14	영화로울
	影	15	그림자
	營	17	경영할
	預	13	미리, 맡길
	睿	14	슬기로울
예	銳	15	날카로울
	豫	16	미리
	藝	19	재주
	譽	21	기릴, 명예

音	字	總劃	訓
	午	4	낮
	五	4	다섯
	汚	6	더러울
	吾	7	나
	娛	10	즐거워할
오	悟	10	깨달을
	烏	10	까마귀
	梧	11	벽오동나무
	惡	12	미워할(악)
	傲	13	거만할
	嗚	13	탄식소리
	誤	14	그르칠
	玉	5	구슬
옥	屋	9	집
	獄	14	감옥
옹	翁	10	늙은이
온	溫	13	따뜻할
와	瓦	5	기와
	臥	9	엎드릴
완	完	7	완전할
	緩	15	느릴
왈	曰	4	가로
왕	王	4	임금
	往	8	갈
외	外	5	바깥
	畏	9	두려워할
요	要	9	구할
	猶	12	움직일(유)

音	字	總劃	訓
	搖	13	흔들릴
	腰	13	허리
요	遙	14	멀
	樂	15	좋아할(락,악)
	謠	17	노래
	浴	10	목욕
욕	辱	10	욕
	欲	11	하고자 할
	慾	15	욕심
	用	5	쓸
용	勇	9	날랠
	容	10	얼굴
	庸	11	떳떳할
	又	2	또
	于	3	어조사
	友	4	벗
	尤	4	더욱
	牛	4	소
	右	5	오른쪽
	宇	6	집
우	羽	6	깃
	雨	8	비
	偶	11	짝
	郵	11	역참
	愚	13	어리석을
	遇	13	만날
	憂	15	근심
	優	17	넉넉할, 뛰어날

간편 옥편

372 운

音	字	總劃	訓
운	云	4	이를
	雲	12	구름
	運	13	운전할
	韻	19	울림
웅	雄	12	수컷
	熊	14	곰
원	元	4	으뜸
	怨	9	원망할
	原	10	근원
	員	10	수효
	院	10	집
	援	12	당길, 도울
	圓	13	둥글
	園	13	동산
	源	13	근원
	遠	14	멀
	願	19	원할
월	月	4	달
	越	12	넘을
위	危	6	위태할
	位	7	자리
	委	8	맡길
	威	9	위엄
	胃	9	밥통
	偉	11	위대할
	圍	12	둘레
	爲	12	할
	違	13	어길
	僞	14	거짓
	慰	15	위로할
위	緯	15	씨줄
	衛	16	지킬
	謂	16	이를
	幼	5	어릴
	由	5	말미암을
	有	6	있을
	酉	7	닭
	俞	9	그럴
	乳	8	젖
	油	8	기름
	幽	9	그윽할
	柳	9	버들
	柔	9	부드러울
유	唯	11	오직
	惟	11	생각할
	悠	11	멀, 한가할
	猶	12	원숭이(요)
	裕	12	넉넉할
	愈	13	나을
	遊	13	놀
	維	14	바, 지탱할
	誘	14	꾈
	儒	16	선비
	遺	16	끼칠, 남길
육	肉	6	고기
	育	8	기를
윤	閏	12	윤달
	潤	15	젖을, 윤택할
은	恩	10	은혜
	銀	14	은
	隱	17	숨을
을	乙	1	새, 둘째천간
	吟	7	읊을
	音	9	소리
음	淫	11	음란할
	陰	11	그늘
	飮	13	마실
읍	邑	7	고을
	泣	8	울
응	應	17	응할
	衣	6	옷
	矣	7	어조사
	依	8	의지할
	宜	8	마땅할
의	意	13	뜻
	疑	14	의심할
	儀	15	거동, 모형
	義	13	옳을
	醫	18	의원
	議	20	의논할
	二	2	두
	已	3	이미
이	以	5	써
	夷	6	오랑캐

訓	劃	總	字	音
말 이을	6		而	
귀	6		耳	
쉬울(역)	8		易	이
다를	11		異	
옮길	11		移	
두	12		貳	
더할	10		益	익
날개	17		翼	
사람	2		人	
칼날	3		刃	
어질	4		仁	
끌	4		引	
도장	6		印	인
인할	6		因	
참을	7		忍	
혼인	9		姻	
셋째 지지	11		寅	
인정할	14		認	
한	1		一	
날	4		日	일
한	12		壹	
편안할	12		逸	
아홉째 천간	4		壬	
맡길	6		任	임
아이 밸	7		妊	
품팔이, 품삯	13		賃	
들	2		入	입
아들	3		子	자

訓	劃	總	字	音
글자	6		字	
스스로	6		自	
찌를	8		刺	
누이	8		姉	
맵시	9		姿	
놈	9		者	자
방자할	10		恣	
검을, 이것	10		茲	
자줏빛	11		紫	
사랑	13		慈	
재물	13		資	
암컷	13		雌	
옷자락(재,제)	14		齊	
지을	7		作	
어제	9		昨	작
따를, 술마실	10		酌	
벼슬	18		爵	
해칠	12		殘	잔
잠시	15		暫	
자맥질할	15		潛	잠
비녀	18		簪	
누에	24		蠶	
섞일 잡	18		雜	잡
어른, 길이	3		丈	
씩씩할	7		壯	
길, 어른	8		長	장
장수	11		將	
휘장	11		帳	

訓	劃	總	字	音
베풀	11		張	
글	11		章	
풀 성할	11		莊	
마당	12		場	
손바닥	12		掌	
단장할	12		粧	
창자	13		腸	
장사지낼	13		葬	장
꾸밀	13		裝	
권면할	14		獎	
가로막을	14		障	
담	16		墻	
담	17		牆	
감출	18		藏	
오장	22		臟	
재주	3		才	
두, 다시	6		再	
있을	6		在	
재목	7		材	
재앙	7		災	
어조사	9		哉	재
심을	10		栽	
재물	10		財	
마를	12		裁	
실을 재	13		載	
재계할(자,제)	14		齋	
다툴	8		爭	쟁
낮을	7		低	저

저

音	字	總劃	訓
저	底	8	밑
	抵	8	거스를
	貯	12	쌓을
	著	13	나타날, 지을
적	赤	7	붉을
	的	8	과녁
	寂	11	고요할
	笛	11	피리
	賊	13	도둑
	跡	13	자취
	摘	14	딸, 들추어낼
	滴	14	물방울
	敵	15	대적할
	適	15	맞을, 마땅할
	積	16	쌓을
	績	17	길쌈할
	蹟	18	자취
	籍	20	문서
전	田	5	밭
	全	6	온전할
	典	8	법
	前	9	앞
	展	10	펼
	專	11	오로지
	傳	13	전할, 전기
	電	13	번개
	戰	16	싸울
	錢	16	돈

音	字	總劃	訓
전	轉	18	구를
절	切	4	끊을
	折	7	꺾을
	絶	12	끊을
	節	15	마디
점	占	5	점
	店	8	가게
	漸	14	차츰
	點	17	점
접	接	11	댈, 이을
	蝶	15	나비
정	丁	2	고무래
	井	4	우물
	正	5	바를
	廷	7	조정
	定	8	정할
	征	8	칠
	政	9	정사
	亭	9	정자
	訂	9	바로잡을
	貞	9	곧을
	庭	10	뜰, 마당
	停	11	머무를
	情	11	뜻
	淨	11	깨끗할
	頂	11	정수리
	晶	12	수정
	程	12	법, 정도

音	字	總劃	訓
정	精	14	정할
	整	16	가지런할
	靜	16	고요할
제	弟	7	아우
	制	8	억제할
	帝	9	임금
	除	10	덜, 지울
	祭	11	제사
	第	11	차례
	堤	12	방죽
	提	12	끌, 드러낼
	製	14	지을
	際	14	사이, 즈음
	齊	14	가지런할(자,재)
	諸	16	모든
	濟	17	건널
	題	18	이마, 제목
조	弔	4	조상할
	兆	6	억조
	早	6	일찍
	助	7	도울
	祖	10	할아비
	租	10	구실
	彫	11	새길
	條	11	가지
	組	11	끈
	造	11	지을
	鳥	11	새

진 375

音 字 總劃 訓

조
- 朝 12 아침
- 照 13 비출
- 潮 15 조수
- 調 15 고를
- 操 16 잡을
- 燥 17 마를

족
- 足 7 발
- 族 11 겨레

존
- 存 6 있을
- 尊 12 높을

졸
- 卒 8 군사
- 拙 8 못날

종
- 宗 8 마루
- 從 11 좇을
- 終 11 마칠
- 種 14 씨, 심을
- 縱 17 늘어질
- 鐘 20 쇠북

좌
- 左 5 왼
- 佐 7 도울
- 坐 7 앉을
- 座 10 자리

죄
- 罪 13 허물 죄

주
- 主 5 주인
- 州 6 고을
- 朱 6 붉을
- 舟 6 배
- 住 7 살

音 字 總劃 訓

- 走 7 달아날
- 周 8 두루
- 宙 8 집
- 注 8 물댈
주
- 洲 9 섬
- 柱 9 기둥
- 株 10 그루
- 酒 10 술
- 晝 11 낮
- 週 12 주일

죽
- 竹 6 대

- 屯 4 어려울 (돈, 둔)
준
- 俊 9 준걸
- 準 13 법도, 콧마루
- 遵 16 좇을

- 中 4 가운데
중
- 仲 6 버금
- 重 9 무거울
- 衆 12 무리

즉
- 則 9 곧 (칙)
- 卽 9 곧

- 症 10 증세
- 曾 12 일찍, 거듭
- 蒸 14 김오를
증
- 增 15 더할
- 憎 15 미워할
- 證 19 증거
- 贈 19 보낼, 줄

音 字 總劃 訓

- 之 4 갈
- 支 4 가지
- 止 4 그칠
- 只 5 다만
- 地 6 땅
- 至 6 이를
- 池 6 못
지
- 志 7 뜻
- 枝 8 가지
- 知 8 알
- 持 9 가질
- 指 9 손가락
- 智 12 슬기
- 紙 10 종이
- 誌 14 기록할
- 遲 16 늦을

- 直 8 곧을
직
- 織 18 짤
- 職 18 직분

- 辰 7 별
- 珍 9 보배
- 振 10 떨칠
- 眞 10 참
진
- 陣 10 진칠
- 陳 11 늘어놓을
- 診 12 진찰할
- 進 12 나아갈
- 盡 14 다할

간편 옥편

376 진

音	字	總劃	訓
진	鎭	18	진압할
	姪	9	조카
질	疾	10	병
	秩	10	차례
	質	15	바탕
집	執	11	잡을
	集	12	모을
징	徵	15	부를(치)
	懲	19	혼날
	且	5	또
	次	6	버금
차	此	6	이
	車	7	수레(거)
	借	10	빌릴
	差	10	어긋날
	捉	10	잡을
착	着	12	붙을,이를,입을
	錯	16	섞일
찬	讚	26	기릴
	贊	19	찬성할
찰	察	14	살필
	參	11	참여할(삼)
참	慘	14	참혹할
	慙	15	부끄러울
	昌	8	창성할
창	倉	10	곳집
	唱	11	노래
	窓	11	창문

音	字	總劃	訓
	創	12	비로소
창	滄	13	찰
	暢	14	화창할
	蒼	14	푸를
	彩	11	무늬
채	採	11	캘
	菜	12	나물
	債	13	빚
	册	5	책
책	責	11	꾸짖을
	策	12	채찍, 술책
	妻	8	아내
처	悽	11	슬퍼할
	處	11	곳, 살
	尺	4	자
척	斥	5	물리칠
	拓	8	헤칠, 넓힐
	戚	11	겨레
	千	3	일천
	川	3	내
	天	4	하늘
	仟	5	일천
	泉	9	샘
천	淺	11	얕을
	踐	15	밟을
	賤	15	천할
	遷	16	옮길
	薦	17	천거할

音	字	總劃	訓
	哲	10	밝을
철	徹	15	통할
	鐵	21	쇠
첨	尖	6	뾰족할
	添	11	더할
첩	妾	8	첩
	靑	8	푸를
	淸	11	맑을
청	晴	12	갤
	請	15	청할
	聽	22	들을
	廳	25	관청
체	替	12	쇠퇴할,바꿀
	體	23	몸
	初	7	처음
	抄	7	가릴,노략질할
	肖	7	닮을
	招	8	부를
초	草	10	풀
	焦	12	그을릴
	超	12	뛰어넘을
	礎	18	주춧돌
	促	9	재촉할
촉	燭	17	촛불
	觸	20	닿을
	屬	21	붙을(속)
촌	寸	3	마디
	村	7	마을

토 377

音	字	總劃	訓
	銃	14	총
총	總	17	거느릴, 합할
	聰	17	귀 밝을 총
최	最	12	가장
	催	13	재촉할
	抽	8	뺄
	秋	9	가을
추	追	10	따를
	推	11	옮길
	醜	17	추할
	丑	4	소
	畜	10	가축
	祝	10	빌
축	逐	11	쫓을
	蓄	14	쌓을, 모을
	築	16	쌓을
	縮	17	오그라들
춘	春	9	봄
출	出	5	날
	充	6	가득할
충	忠	8	충성
	衝	15	찌를
	蟲	18	벌레
	吹	7	불
	取	8	취할
취	臭	10	냄새
	就	12	나아갈
	趣	15	빨리 갈, 취향

音	字	總劃	訓
취	醉	15	취할
	側	11	곁
측	測	12	잴
층	層	15	층
	治	8	다스릴
	値	10	값
	恥	10	부끄러워할
치	致	10	이를
	稚	13	어릴
	置	13	둘
	齒	15	이
	徵	15	가락(징)
칙	則	9	법(즉)
친	親	16	친할
칠	七	2	일곱
	漆	14	옻
	枕	8	베개
	侵	9	침노할
침	寢	14	잠잘
	沈	7	잠길
	浸	10	담글
	針	10	바늘
칭	稱	14	일컬을
쾌	快	7	유쾌할
	他	5	다를
	打	5	칠
타	妥	7	편안할
	墮	15	떨어질

音	字	總劃	訓
	托	6	받칠, 맡길
	卓	8	높을
탁	琢	12	쪼을
	濁	16	흐릴
	濯	17	씻을
	炭	9	숯
탄	彈	15	탄알
	歎	15	탄식할, 탄복할
	脫	11	벗을
탈	稅	12	벗을(세)
	奪	14	빼앗을
탐	探	11	찾을
	貪	11	탐할
탑	塔	13	탑
탕	湯	12	끓일
	太	4	클
	兌	7	바꿀
	汰	7	씻을
	怠	9	게으를
태	胎	9	아이 밸
	殆	9	위태할
	泰	10	클
	態	14	모양
	擇	16	가릴
택	宅	6	집 (댁)
	澤	16	못
토	土	3	흙
	吐	6	토할

간편 옥편

378 토

音	字	總劃	訓
토	兎		토끼
	討	10	칠
	洞		통할(동)
통	通	11	통할
	痛	12	아플
	統		거느릴
퇴	退	10	물러날
	投		던질
투	透		통할
	鬪	20	싸울
특	特	10	특별할
	波		물결
	派		물갈래
파	破		깨뜨릴
	頗		꽤, 치우칠
	播	15	뿌릴
	罷	15	파할
	判	7	가를
판	板	8	널조각
	版		널판
	販	11	팔
팔	八	2	여덟
패	貝		조개
	敗	11	패할
	片	4	조각
편	便	9	편할(변)
	遍	13	두루
	篇	15	책

音	字	總劃	訓
편	編	15	엮을
평	平	5	평평할
	評	12	평론할
	肺		허파
	閉	11	닫을
폐	幣	15	비단
	廢	15	폐할
	弊	15	폐해
	蔽	16	덮을
	包	5	쌀
	布		베
	抱		안을
	胞		태보, 세포
포	捕	10	사로잡을
	浦	10	물가
	砲	10	대포
	飽	14	배부를
	幅	12	너비
폭	暴	15	사나울
	爆	19	터질
	表	8	거죽
표	票	11	쪽지
	漂	14	떠돌
	標	15	표적
품	品		물건
풍	風		바람
	楓	13	단풍나무
	豊	18	풍성할

音	字	總劃	訓
	皮	5	가죽
	彼		저
피	疲	10	지칠
	被	10	이불, 가릴
	避	17	피할
	匹	4	짝, 마리
필	必		반드시
	畢		마칠
	筆	12	붓
	下	3	아래
	何	7	어찌
하	河		물
	夏	10	여름
	荷		짐
	賀		하례할
학	學	16	배울
	鶴	21	학
	汗	6	땀
	旱	7	가물
	恨	9	한탄할
한	限		한정
	寒		찰
	閑	12	한가할
	漢	14	한수
	韓	17	나라이름
할	割	12	가를, 나눌(갈)
함	含		머금을
	咸	9	다

화 379

音	字	總劃	訓
함	陷	11	빠질
합	合	6	합할
	抗	7	막을
	巷	9	거리
항	恒	9	항상
	航	10	배로 물 건널
	港	12	항구
	項	12	목
	亥	6	돼지
	奚	10	어찌
	害	10	해칠
해	海	10	바다
	解	13	풀
	該	13	그
	諧	16	화할, 농담할
핵	核	10	씨
행	行	6	다닐
	幸	8	다행할
	向	6	향할
	享	8	누릴
향	香	9	향기
	鄕	13	시골
	響	22	울림
허	許	11	허락할
	虛	12	빌
	軒	10	추녀
헌	憲	16	법
	獻	20	바칠

音	字	總劃	訓
험	險	16	험할
	驗	23	시험할
혁	革	9	가죽
	玄	5	검을
	弦	8	시위
	現	11	나타날
현	絃	11	악기 줄
	賢	15	어질
	縣	16	고을
	懸	20	매달
	顯	23	나타날
혈	穴	5	구멍
	血	6	피
협	協	8	합할, 맞을
	脅	10	옆구리, 위협할
	亨	7	형통할
	兄	5	맏
형	形	7	형상
	刑	6	형벌
	螢	16	개똥벌레
	兮	4	어조사
혜	惠	12	은혜
	慧	15	지혜
	乎	5	온
	互	4	서로
호	呼	8	부를
	好	6	좋을
	戶	4	지게

音	字	總劃	訓
	毫	11	가는 털
	浩	10	클
	湖	12	호수
	胡	9	오랑캐
호	虎	8	범
	戲	17	탄식할(희)
	號	13	부르짖을, 이름
	護	20	보호할
	豪	14	호걸
혹	惑	12	미혹할
	或	8	혹시
	婚	11	혼인할
혼	昏	8	어두울
	混	11	섞을
	魂	14	넋
홀	忽	8	소홀히 할
	弘	5	클
홍	洪	9	큰 물, 넓을
	紅	9	붉을
	鴻	17	큰 기러기
	化	4	화할
	和	8	화목할, 화할
	火	4	불
화	畵	12	그림(획)
	禍	14	재앙
	禾	5	벼
	花	8	꽃
	華	12	빛날

간편 옥편

音 字 總劃 訓	音 字 總劃 訓	音 字 總劃 訓
화 話 13 말할	回 6 돌아올	훈 訓 10 가르칠
貨 11 재화	悔 10 뉘우칠	훼 毁 13 헐
擴 18 넓힐	회 懷 19 품을	휘 揮 12 휘두를
확 確 15 확실할	會 13 모일	輝 15 빛날
穫 19 벼 벨	灰 6 재	휴 休 6 쉴
丸 3 알, 둥글	畫 12 그을(화)	携 13 끌
幻 4 허깨비	획 劃 14 그을	흉 凶 4 흉할
患 11 근심	獲 17 얻을	胸 10 가슴
환 換 12 바꿀	횡 橫 16 가로	흑 黑 12 검을
歡 22 기뻐할	孝 7 효도	흡 吸 7 숨 들이쉴
環 17 고리	효 效 10 본받을	흥 興 15 일어날
還 17 돌아올	曉 16 새벽	希 7 바랄
활 活 9 살	侯 9 과녁, 제후	喜 12 기쁠
況 8 하물며, 모양, 형편	厚 9 두터울	稀 12 드물
皇 9 임금	후 後 9 뒤	희 熙 13 빛날
황 荒 10 거칠	候 10 철, 기후	噫 16 탄식할
黃 12 누를	喉 12 목구멍	戱 17 놀, 희롱할(호)

'사자 소학'은
단순한 **기초 한자 교과서**가
아니라, 세월이 흘러도 영원히
변하지 않는, 시공을 초월한
인성 교육의 바이블로서,
이를 익히다 보면,
한자 공부뿐만 아니라
도덕성 회복과
인간성 복원에
크게 기여할 것이다.

'사자 소학'은
단순한 **기초 한자 교과서**가
아니라, 세월이 흘러도 영원히
변하지 않는, 시공을 초월한
인성 교육의 바이블로서,
이를 익히다 보면,
한자 공부뿐만 아니라
도덕성 회복과
인간성 복원에
크게 기여할 것이다.